UNREAD

德国

历史的基因

森林、山川与
德意志精神

SPM
南方出版传媒
广东人民出版社
·广州·

[日] 池上俊一 ／ 著   沈佳炜 ／ 译

图书在版编目（CIP）数据

德国 /（日）池上俊一著；沈佳炜译 . —— 广州：
广东人民出版社，2021.8
（历史的基因）
ISBN 978-7-218-15141-0

Ⅰ.①德⋯ Ⅱ.①池⋯ ②沈⋯ Ⅲ.①德国—历史
Ⅳ.① K 516

中国版本图书馆 CIP 数据核字（2021）第 135766 号

MORI TO YAMA TO KAWA DE TADORU DOITSUSHI
by Shunichi Ikegami
© 2015 by Shunichi Ikegami
Originally published in 2015 by Iwanami Shoten, Publishers, Tokyo.
This simplified Chinese edition published 2021
by United Sky (Beijing) New Media Co., Ltd.
by arrangement with Iwanami Shoten, Publishers, Tokyo

著作权合同登记号 图字：19-2021-124 号

LISHI DE JIYIN: DEGUO

历史的基因：德国

（日）池上俊一 著；沈佳炜 译　　

出 版 人：肖风华

责任编辑：李丹红
装帧设计：陈　木
美术编辑：梁全新
特约编辑：杨子兮　节晓宇

出　　版：广东人民出版社
地　　址：广州市新港西路 204 号 2 号楼（邮政编码：510300）
电　　话：(020) 85716809（总编室）
传　　真：(020) 85716872
网　　址：http：//www.gdpph.com
发　　行：未读（天津）文化传媒有限公司
印　　刷：大厂回族自治县德诚印务有限公司
开　　本：880 毫米 ×1230 毫米　1/32
印　　张：6.5　　字　　数：120 千
版　　次：2021 年 8 月第 1 版
印　　次：2021 年 8 月第 1 次印刷
定　　价：68.00 元

关注未读好书

未读 CLUB
会员服务平台

目　录

前　言

　　不知诸位对"德意志"[1]有着怎样的印象。或许有人会联想到代表其饮食文化的"啤酒与香肠",也有人认为它是"音乐之国"或"环保先进国",还有人称其为"足球强国"。

　　而我一提起德意志,总会想到"与自然的深深联系"。当然,地球上任何一个国家或地区的人都无法脱离自然而生存,很多国家实行了一系列措施宣传,并保护着它们优美的自然景观。但我所关注的是,德意志人从很早开始就将自然视作自己的"生存根基",一直致力于深入挖掘与理解其运作机制,意欲在与自然合而为一或深入交流的基础上塑造出人类和文化的理想形态。

　　我们要看到,比起以国境划分的"国民",他们更注重以血

1　统一的德意志帝国于 1871 年建立,为了行文方便,本文中未明确指代泛德意志概念的部分,统一用"德国"称呼,烦请留意。——编者注

缘为纽带的"民族"；比起灵活而浮于表面的"文明"，他们更看重坚实而深沉的"文化"。以理性与理性主义为基础的启蒙思想没有在他们的土壤上扎根，而神秘主义、浪漫主义以及有机哲学却十分盛行。

德意志人这样的思考和视角，也与他们现实中的行为和态度有关。从祖先日耳曼人的时代开始，他们便视森林为充盈着鲜活食物、洋溢着生命活力的场所，积极投身于狩猎采集活动。如今仍有很多人每天去森林里散步或享受森林浴。同样，从近世到近代，不仅矿业作为财富源泉支撑着德意志经济，山岳与洞穴还孕育了独特且丰富多彩的传说和思想。河流亦复如是。

在医疗方面，德意志人认为其目的是恢复身体的自然平衡，如中世纪的草药研究，近代的温泉疗养，皆旨在通过摄取或接触自然物质获得治愈。而现代德意志人对环保与有机的爱好，以及家庭菜园热潮与反核运动等，也都是自古以来与自然的相处方式的现代化表现。

德意志的地理环境亦在一定程度上促进了他们与自然建立密切的联系。以西南部的黑森林地区为代表，德国国土覆盖着茂密的森林，南部和中部为大片山地。而莱茵河、多瑙河、易北河等大河则形成了航运大动脉，维系着人们的生活。

然而，单凭自然环境并不能塑造一个国家的国民性，始于古代、中世纪的漫长历史所发挥的作用同样不容忽视。德国的前身神圣罗马帝国没有固定的自然国界，甚至可能跨到法国、英国、西班牙，直到晚期仍处于数百个领邦[1]分立的状态。16世纪宗教改革后，各个领邦都确定了自己的"国教"，民众失去了个人的信仰自由。人们无法获得超脱的身份认同，遂产生了对日耳曼原始时期"民族"的憧憬之情。于是，继承了日耳曼民族血统的德国人越过希腊、罗马的文物，以及基督教及其衍生的各种制度，转向日耳曼与德意志的"自然"追求身份认同。

本书将从与自然相关的观点，阐述形成德国以及德国人的"历史"。其中尤为重要的三点是：森林、大地（尤其是山川）以及大地上的水源（尤其是河流）。德国各个时代的政治、社会、经济、文化、宗教，都与上述自然环境有着不可分割的关系。我将阐明，再没有一个欧洲国家与自然有如此紧密而显著的联系，并探讨构成近现代德国人精神和生活态度的基础。

德国人与自然的紧密联系既发挥了积极作用，也带来了负面影响。关于后者，只要想想极度热衷自然保护的德意志第三帝国（纳粹德国），同时也对犹太人进行过残忍迫害就足够了。

1　13世纪以后神圣罗马帝国、德意志王国中的地方小国家。——译者注（若无说明，本书脚注均为译者注）

那么，如何才能既保留悠久历史塑造出的德国独有特性，又发扬其积极之处呢？我希望能通过追溯德国从起源到现代的历史，获得些许启示。

第一章

日耳曼的森林及其统治

圣尤斯塔斯在森林中偶遇奇迹之鹿

地势与气候

首先让我们来概览一下德国（为了方便介绍，下面的部分内容也包括了奥地利与瑞士在内的德语圈国家）的地势与风土，因为这是与"自然"产生密切联系的基础。

无论从地质条件还是气候条件来看，德国都是一块森林资源丰富的土地。与相邻的法国不同，德国的地貌并不以草原为主。郁郁葱葱的广袤森林，相伴而生的植物群，水量丰沛的大河大川，南部和中部的山岳地带，以及沉睡其中的丰富矿物资源，决定了德国农村与城市的生活方式，推动了后来的产业发展，也造就了德国人难以改变的思考模式。

1990 年两德统一后，现代德国在东西方向上获得了扩展，但仍是一个南北延伸的国家。不过它并不像日本或意大利那般细长，而是方一些，版图有凹有凸、稍显纵长。正因如此，在介绍德国的风土气候时，"南北之别"是很重要的。德国的总面积实际上比日本（37.8 万平方千米）还小，仅有 35.7 万平方千米，人口也略少于日本，约有 8100 万。就欧洲大陆而言，德国的人口仅次于俄罗斯，比意大利、英国、法国等国的人口都要多。德国北临北海与波罗的海，南面有阿尔卑斯山脉作为隔断。

在约 2 万年前的人类历史最初期，德国的北部地区曾覆盖着坚固的冰川，日照不多，到处都是宛若风干山丘的砂地、黏质土壤，气候寒冷的荒野与湿地一望无垠。土地整体自然很贫瘠。但是，从北海沿岸沼泽地带延伸到干燥砂地为止的这片土地却很肥沃，中部区域更是形成了肥沃的农村地带，且因地势低洼，湖泊星罗棋布。

中部地区则是丘陵地带，以石灰岩与红砂岩为主。东侧有海拔 1000 米级的山岳，可以说这片山岳和丘陵大致区分了德国的南北。西侧是一些山地与山脉，中央则耸立着哈茨山。东侧从伦山到厄尔士山也连绵着多座山脉。中部莱茵河谷与黑森洼地则是天然形成的南北交通要道。

最后是南部地区。这里以延伸至西端的黑森林为首，分布着广袤的森林，海拔约 1500 米，以砂岩与石灰岩为主。最南端是德国境内的阿尔卑斯山麓地带，那里有数个大湖泊，如施瓦本－巴伐利亚高原的博登湖，其间丘陵散落，形成鲜明对比。构成当地主要景致的是湿地与广大的堆积平原，丘陵和缓，土壤肥沃。此外，以慕尼黑为中心城市的巴伐利亚州拥有德国阿尔卑斯山的一部分 —— 巴伐利亚阿尔卑斯山，有着 3000 米的高山。这里的岩石以片麻岩、花岗岩为主。

德国境内河网纵横，除了莱茵河、多瑙河、易北河之外，还有美因河、威悉河、奥得河、施普雷河、鲁尔河、萨勒河、摩泽尔河等。这些河流为农工商业等的发展做出了多方面的贡献，同时也培养了德国人的审美意识与自然之爱。

如上所述，德国拥有众多广袤的森林，高低山脉错落起伏，其间平原连绵，数条大河循隙而过，使得各地都能欣赏到姿态万千的秀美景观。

那么德国的气候如何呢？总体偏凉，不能说很温暖，冬季十分寒冷。德国位于大西洋的海洋性气候与东部欧亚大陆的大陆性气候之间，属于所谓的西风带。无论哪个城市，夏天的最高气温平均都在 20～24℃上下。全年有雨，无明显的雨季和旱季。而高山地带的气候当然更为恶劣。

威廉·海因里希·里尔（Wilhelm Heinrich Riehl，1823—1897 年）是德国民俗学始祖之一，同时还是一名记者。他曾把德国的地势、河流体系、气候、植被种类分成三大块，并将人们的习俗、农业生产方式、社会生活、信仰形态等与地理环境相结合，以自然史般的笔致描述了形形色色的德国人。

我虽不认为气候风土会有如此决定性的影响，却也认同在文化、社会，乃至历史根基方面，地理环境都有着不容小觑的影响。德国人有其独特的与自然的相处之道，这一方面受到历史的制约，另一方面却也是创造历史的根基。

日耳曼人的入侵与罗马帝国的灭亡

现在，让我们来回顾从古代到中世纪初期的德国历史。话虽如此，德国这个国家却直到 19 世纪才出现，因而确切地说应该是"将来成为德国的那块土地的历史"。

提起德国人的祖先，我们都会联想到日耳曼民族。所谓日耳曼民族，即指那些被认为原住于北德意志的印欧语系民族。他们在约公元前 3 世纪南下，再分裂成北日耳曼人、西日耳曼人、东日耳曼人等。他们在森林深处或是湖沼地区结成部族生活，为了获得更肥沃的土地而频繁迁移。

约公元前 2 世纪末，由于一些部族入侵高卢（大致相当于现在的法国）、伊比利亚半岛等罗马帝国的领地，双方关系渐趋紧张，但并未引发大的纷争。同时，不容忽视的是：也有在罗马帝国境内定居下来的日耳曼人成为罗马士兵或农民，两者相安无事。

然而，罗马人与日耳曼人之间矛盾日益尖锐却是不争的事实。公元 9 年，罗马的日耳曼尼亚总督瓦鲁斯向日耳曼人发动攻击，却在条顿堡森林（位于埃姆斯河与威悉河之间）反被著名军事家阿米尼乌斯所率领的日耳曼联军歼灭。

为了抵御日耳曼人的侵略，罗马人建造了连接多瑙河与莱茵河的防御设施——界墙，也就是由木栅、壕沟、碉堡三要素构成的长城要塞线。其建造始于公元 90 年左右，历经 70 余年终于完成。

罗马帝国虽然在很长一段时间内抵御住了日耳曼人的大规模入侵，但由于其内政混乱，3 世纪后日耳曼诸部族开始从欧洲北部向南部和西部迁徙，到了 4 世纪下半叶更是大举迁徙，最终导致罗马帝国陷入了巨大的动乱之中。这便是所谓的"日耳曼人大迁徙"。哥特族是位于多瑙河北岸的日耳曼部族，他们受到东边的匈奴的压迫，渡过多瑙河，大规模南下，涌入罗马帝国境内。

罗马帝国在公元 395 年狄奥多西一世皇帝死后，分裂为东、西罗马帝国。公元 410 年，阿拉里克率领的西哥特族来到意大利半岛，攻陷了罗马城。驻扎在莱茵地区的罗马军队因此被召回，当地遂成了真空地带，继莱茵河右岸中、下游流域的萨利安法兰克人来到此地后，各个部族便开始了大规模迁移。

当我们将目光投向"德国"便会发现，除了法兰克人的一支，图林根人、萨克森人、阿勒曼尼人、巴伐利亚人、伦巴底人，都踏上了这块将来会成为德国的土地。而罗马帝国则愈加混乱不堪，曾任罗马近卫军统领的奥多亚克获得雇佣兵的支持，在公元 476 年废黜了西罗马帝国最后的皇帝罗慕路斯·奥古斯都，西罗马帝国就此灭亡。

法兰克王国的建立与分裂

就这样，从罗马时代到中世纪的过渡期开始了。在割据欧洲的日耳曼诸民族中，对将来的德国与法国最为重要的，莫过于建立了法兰克王国的法兰克人。

首先，法兰克王国于 5 世纪末建立了最初的王朝 —— 墨洛温王朝，在初代国王克洛维一世（481—511 年在位）时代，他改宗天主教，同时还将疆界从莱茵河推进到加龙河，大大扩展了版图。然而克洛维死后，由于分割继承制，王国一分为四。公元 526 年东哥特国王狄奥多里克去世后，法兰克王国为扩张统治领域，南下进军征服了勃艮第王国，接着又从东哥特王国获得了普罗旺斯。自此，法兰克王国几乎将整个高卢地区都纳入了统治。

各个部族纷纷在当时的德国国土上建立起自己的国家，北部是萨克森人，南部是阿勒曼尼人，中部是图林根人，东南部为巴伐利亚人，莱茵河口及低地处则是弗里斯人。

墨洛温王朝后来由于各分国间的斗争、贵族势力的抬头与反叛，始终没有实现国家的统一与安定。最终，以东边分国（奥斯特拉西亚¹）的宫相²之位获得极大实权的丕平一族掌握了霸权。丕平二世在公元 679 年前后成为宫相，他的儿子便是赫赫有名的查理·马特。而后查理·马特的儿子丕平三世（小丕平）于公元751 年发动政变，墨洛温王朝就此覆灭。

丕平三世开创的加洛林王朝在查理·马特的孙子查理大帝（768—814 年在位）手中迅速强盛。加洛林王朝以查理大帝为核心，联手教会以及神职人员共同治理王国。为改变日耳曼习俗，使天主教深入人心，查理大帝颁布了一系列政策对人们生活的所有方面进行干预，且被汇整于法令集（capitularia）之中。在查理时代，巴伐利亚、萨克森等日耳曼部族王国都开始臣服于法兰克王国。

公元 840 年，查理大帝的儿子虔诚者路易去世；公元 843 年，《凡尔登条约》缔结，规定将法兰克王国一分为三来继承：长子洛泰尔为意大利王，统治中法兰克以及北意大利；日耳曼人路易统治作为日耳曼地区的东法兰克；秃头查理则统治西法兰克。公元 870 年洛泰尔死后，日耳曼人路易与秃头查理签订了《梅尔森条约》，将洛林地区（中法兰克）分为东西两半。东法兰克与东

1　即指法兰克王国墨洛温王朝东北部分。

2　德语原文为 Hausmeier，原为掌管家政的宫廷职务，后逐渐演变成行政职务，因王权衰弱，成为政治实权者。

洛林合并而成的疆域，几乎就是后来的德国版图。

神圣罗马帝国的诞生

然而，宗教、文化方面姑且不论，法兰克王国所实现的政治"统一"极为短暂。很快，封建诸侯分立状态便日益凸显。单看德国（东法兰克）这部分便不难发现，整个国家已没有统一的中央集权组织，数个继承部族时代传统的公国接连兴起。东边的马扎尔人、北面的诺曼人纷纷入侵，在城市与教会中大肆劫掠。

公元 911 年，法兰克公爵康拉德虽被部族诸侯与主教推选为东法兰克国王，但手中权力甚微。康拉德在死前留下遗言，将王权转交给另一部族的萨克森的亨利。公元 919 年，萨克森王朝拉开序幕。亨利骁勇善战，历尽千辛万苦镇压南德意志的巴伐利亚人，并于公元 933 年在里亚德击败马扎尔人，与之缔结休战条约，借由每年献上贡品阻止对方的掠夺。在此期间，他也不断巩固国家防御。

这位亨利的儿子便是奥托一世（936—973 年在位），被尊称

图 1-1　宝座上的奥托二世

为奥托大帝的伟大君王。奥托于公元936年登基，成为东法兰克的国王，后于955年在莱希费尔德战役中大败马扎尔人。公元962年，教皇若望十二世在罗马为他加冕，奥托从此成为"神圣罗马帝国皇帝"。因此，奥托既是延续到1806年的"罗马帝国"的第二任复兴者，又是"神圣罗马帝国"实质上的创始者（形式上始于查理大帝的加冕）。这个皇帝不仅继承了罗马皇帝的身份，亦是基督教世界的守护者，在基督教世界仅此一人，因此皇帝有着远高于国王的权威。

奥托为了掣肘屡向其显露反意的部族势力而与教会联手。他优待主教，赋予他们世俗行政管理权及职位。由于神职人员皆为独身，此举也可避免继承纠纷。这些神职人员能读会写，行政能力强，奥托便在全国范围内任命这些人为他的官僚，并且，奥托还将教会、修道院视为国王的财产与领地。这个体制被称为"帝国教会制度"。

与法国、英国不同，德意志皇帝并不依靠血缘关系世袭，原则上以"选举"决定。这也是王国内无法消除的不安定因素。幸运的是萨克森王朝顺利地将王位传到了第四代子孙。可第四代奥托三世膝下无子，1002年，初代亨利一世的曾孙巴伐利亚公爵以亨利二世（王位1002—1024年、帝位1014—1024年）之名继承萨克森家族。此后便再无男性继承人，必须重新选举。贵族与高级神职人员推选了法兰克尼亚的康拉德，就此萨克森王朝更迭为萨利安王朝。

康拉德（王位1024—1039年、帝位1027—1039年）自恃身为皇帝便是所有民族的君主，招致各个领邦的不满。他南下前往意大利时甚至引发了德意志诸侯的叛乱。可若因此返回德意志，意大利半岛的局势就会不稳。在必须同时实行东方政策与意大利政策时，就无法安定德意志国内的局势，这是中世纪的德意志皇帝的一大烦恼。

萨克森王朝以后，德意志国王兼任罗马帝国皇帝便成了惯例。教皇的权威与皇帝的权威宛若椭圆的两个焦点，直到中世纪末都团结凝聚着欧洲世界。

日耳曼的森林与神话

但是德国（人）在"帝国"这个拥有无上权威的政治参照轴之外，还有另一个参照轴，那便是自然。他们始终将自然视为立身之本，与自然有着深厚而坚韧的关系。而这也是中世纪至近代的德国（人）的特征。

森林与德国（人）的关系尤为深厚。日耳曼人奉行崇拜自然的多神教，认为众神都居于天国"瓦尔哈拉"，那里也是光荣战死的士兵与英雄的住所。多神教信徒并没有教堂那样的固定祭祀场所，他们以巨石、泉水、巨木等自然之物为崇拜对象。

法兰克人皈依基督教较早。尤其是加洛林王朝的查理大帝，他奉行与教会协力统治王国的方针，向信奉异教的民族发动战争，击溃顽强抵抗的萨克森人，迫使他们接受洗礼。另外，他还在法令集里攻击异教习俗，教会也屡屡召开公会议与主教区教会会议，下令改变日耳曼人自古以来的迷信。

从爱尔兰以及不列颠岛渡海而来的传教士亦进行了一系列促使日耳曼人改变宗教信仰的活动。这个时期，德意志地区尤其值得注目的人物是被称为"德意志使徒"的圣波尼法爵（Saint Boniface，约675—754年）。他出生于英格兰，使很多德意志民族的人改宗基督教。

我们或许以为，德国人会从此皈依基督教，异教的神殿变为基督教教堂，基督教的教谕广泛传播。然而"基督教化"运动在德意志地区的进展却比在法国、英国或意大利都要迟缓。其主要原因是，德意志的森林广袤无比，它与居民的生活、性情紧密相连而不可分离。而且这种"森林心性"虽然看似湮灭于漫漫历史长河之中，但在近代，它作为"德意志民族"的意识形态又渐趋复苏。

回溯历史，古罗马历史学家塔西佗（约55—117年）曾在其著作中描绘日耳曼人的习俗，其中有强调日耳曼人是"森林子

民"的记述:

> 出于对祖先鸟占以及远古的敬畏之情,同系的支族(苏维汇人)会在固定时日派遣代表齐聚于神圣的森林中,公开举行野蛮的活人祭祀,这就是他们宗教仪式的恐怖开端(primordia)。对森林的崇拜还不止于此,无论是谁都比神卑微低下,他们承认神的力量,进入森林的时候必须套上锁链,以示对该处神力的皈依。[1]

当然,中世纪的德意志居民并不是以狩猎采集为生,而是农耕者。但农民的身份与古代的"森林心性"同时存在,并不矛盾。连中世纪的德意志战士也认为森林是发挥野性之力的神圣场所,是战神奥丁与雷神托尔率领的军队、亡灵的军队驰骋的场所,而国王与骑士则是其后裔。这是他们渴望相信的。

尤其是历代德意志国王,他们深信森林的神圣性赋予并保障着他们的权威。因而他们需要定期回到森林之中获得重生。森林是野兽与怪物生存的恐怖之地,也是人类与社会周而复始、生生不息的母体与恩泽之地。

---

1 《日耳曼尼亚志》田中秀央、泉井久之助译,岩波文库。——编者注

日耳曼人会布置神圣的森林以进行礼拜。当然，此外如山顶、河流、泉水等场所也作为众神的居住之地受到崇拜，但没有哪个地方比森林更受重视。因此，对继承了日耳曼人传统的中世纪德意志人来说，森林被视为神秘空间，控制这里的是有别于人们日常生活世俗秩序的另一种秩序。

神圣的菩提树

中世纪初期（5世纪至10世纪）的圣人传说中，曾有这样一个故事：传教士舍命砍伐异教徒眼中的神圣之树——松树、橡树、菩提树。先前提到的圣波尼法爵就冒着性命之虞砍倒了神圣的橡树，使萨克森人改信基督教。

然而，在被砍伐的树木背后，仍残存着无数异教神灵。即便神殿变成了教堂，人们表面上完成了从树木崇拜到圣母玛利亚崇拜、圣人崇拜的转变，形式上遵守着基督教教义，异教的祭礼却仍留存于他们内心深处。异教众神变得更人性化，它们以"小人""巨人""妖精"的形式延续着生命，留存在世上。

《尼伯龙根之歌》（1200年或1205年）是一部著名的德国叙事诗。在这部作品中，森林频频出现在生死攸关的决定性场景中。比如英雄齐格弗里德被暗杀的场景，便展开于他前往狩猎的森林中。他在汲饮泉水时被长枪刺中死去，而身边就有一棵茂盛的菩提树（图1-2）。

森林中树木众多，而对于德国人来说，菩提树似乎尤为神圣。在日耳曼的习惯法中，审判需要在菩提树下进行。作为德国的象征，它也被写入歌中传唱。中世纪的宫廷恋歌诗人瓦尔特·冯·德·福格尔魏德（Walther von der Vogelweide，约1170—1230 年）曾作过一首名为《菩提树下》的恋爱歌曲，更近的则有舒伯特那首著名的《菩提树》（1827 年）。人们喜爱菩提树的凛然之姿、浓密之叶、悠久寿命、芬芳气息，乃至在其上采蜜的蜜蜂嗡鸣。或许是由于菩提树的上述美好品质，中世纪时它作为"爱之树"，成了男女幽会的场所（图1-3）。

图1-2 据《尼伯龙根之歌》，哈根的长枪即将刺入齐格弗里德体内　　图1-3 菩提树被描绘为"爱之树"

冷杉、橡树亦被人们赋予了神圣性。冷杉树枝作为驱除女巫、防范灾厄的工具，常被悬挂于房屋入口。到了近代，冷杉更是成了众议热点，还被描绘入画。橡树则代表着雷神托尔，是力量、坚韧、不朽的象征。它在诗中被歌颂，也常用作货币与徽章的图案。

从国王的森林到领主的森林

接下来，让我们考察一下德国森林从古代到中世纪的情况。古罗马时代，森林是"无法用于耕作之地"，是"未曾文明开化之地"，具有"野蛮"的特征，与代表文明的城市完全相反，往往受到人们的鄙视。广袤的森林亦被认为是公共之物。然而第二次布匿战争（公元前218—前201年）后，随着木材需求骤增，人们认识到森林在经济上的重要性，开启了森林的私有化进程。另外，公共森林也分为属于罗马人民的公共森林与作为皇帝私有财产的皇室森林。

日耳曼人通常认为森林最初都是无主之地，也就是说，"任何人都可以蒙受其恩泽，它是大家共有的空间"。但在5世纪至10世纪的法兰克时代，变化开始显现。当时发放的特许证与法典中，出现了意为"皇室所有林"的新拉丁词[1]"forestis"或

1　指相对于古典拉丁文的中世纪拉丁文。——编者注

"foresta"。此前，森林一直是用"silva"或"nemus"来表示的，而这个新词则特指由国王独占使用的森林。

不过不久，这些属于国王的森林便被全权委托给了家臣[1]，即从封建主仆关系的领主处转移到了家臣、贵族或修道院手中。至此，森林终于实现了"私有化"——家臣被授予了皇家狩猎场权。

御猎场权的授予始于9世纪初，10世纪下半叶发展迅猛，并于1080年前后结束。12世纪时虽还有一些零散的授予，但已无全盛期的势头。而贵族们只有被国王授予这项权力，才能在森林中修筑城堡与修道院。故可以说御猎场权的授予是一项奠定了中世纪社会基础的权力转让。

进入中世纪后半期，森林的私有化趋势已确凿无疑，可实际上仍存在着一些算是共有资源的"公共森林"。长期以来，即便是有主之林，人们也被容许砍伐一些木柴、枝条带回去自用。如上，即便在私有观念诞生之后，在日耳曼人法律秩序中属于全体居民的公共财产的森林，依然存在着。

德国的森林里究竟生长着哪些树木呢？如今针叶树作为建筑材料被广泛种植，而在中世纪则主要为落叶阔叶树，以欧洲山毛榉与枹栎类为主体，另外还生长着榆树、西洋鹅耳枥、榛树、白

1　英文为 Ministerialis，此词指中世纪神圣罗马帝国的非自由身份的贵族，其中大多数为骑士。

桦、接骨木、桴树、菩提树等。它们曾被用作建材、木柴、炭火，也为人们提供珍贵的天然蜂蜜。

当时的阔叶林中栖息着各种动物，有狻狨、鹿、野猪等哺乳类，猫头鹰、啄木鸟等鸟类，独角仙等昆虫类，还有青蛙。现在林中不少动物已然灭绝或是数量锐减，让人不禁开始怀念往昔物种丰富的森林。

森林的恩惠 —— 火腿与香肠

森林也是放牧的场所。在欧洲西北部，尤其是德国，谷物产量低下，寒冬时节家畜饲料匮乏。因而一到秋天，人们就把今春出生的小猪带到森林里大快朵颐 —— 吃山毛榉、橡树、水楢的果实，也就是橡子。等饱食橡子的小猪们变得膘肥体圆，就把它们做成腌肉与香肠（图1-4）。

火腿与香肠起源于希腊、罗马时代，传播到高卢后又扩散到欧洲各地。德国从 11 世纪开始就有关于它们的记录，从它们出现在"慵懒天国"[1] 里就能看出，火腿、

---

1 Schlaraffenland，中世纪神话中的理想乡。——原书注

图1-4 以森林橡子喂养家猪

香肠在德国有多么受人喜爱。在气候恶劣的德国，它们作为可储存食物显得尤为重要，直到今天仍保持着德国料理的基本食材的地位。

当今的德国无疑是香肠的主要产地。其香肠品质卓绝，种类繁多，据说总计多达 1500 种，大致可分为如下三类：

- 煮肠　将馅料塞进肠衣后经过热加工的香肠。
- 生肠　以生肉为原料不经热加工直接食用的香肠。
- 熟肠　以经过热加工的内脏、舌、猪皮等为主要原料所制成的香肠。

当然，各地的香肠有所不同。德国人最钟爱的食用方式莫过于煎烤（烤肠，在此基础上切成小段浇酱汁的咖喱肠）。

第六章中也会提到，现代德国人为了不弄脏厨房，晚餐时习惯吃无须开火的冷食。火腿与香肠是餐中必不可少的食材。而我们要知道，德国现代烹饪食材的代表 —— 火腿与香肠，其实是来自中世纪的"森林的恩惠"。

狩猎文化及其演变

在与森林有关的国王大权（君主独占之权）中，最重要的是狩猎权。自法兰克时代开始，森林作为狩猎的特权场所，频繁出现于史料中。狩猎并非单纯的王侯游乐，它与军事远征、外交使团派驻、贵族集会一样，被定位为王室的"义务"。

这恐怕是每位日耳曼之王记忆深处的回响。对于国王及臣服于他的人民来说，国王狩猎是保障森林和平、守护领民[1]与其土地的象征性行为。君主被一再强调为最优秀的猎人也是出于这个原因。查理大帝在临死前仍不舍狩猎，仿佛狩猎能力是衡量统治能力的标尺一般。

图1-5　马克西米利安一世猎熊

图1-6　16世纪的王侯狩猎

---

[1]　居于领地内的民众。

不久后贵族也拥有了狩猎权，中世纪中期以后，狩猎成了他们最大的乐趣。对于坚信自己体内流淌着日耳曼战士血液的贵族来说，狩猎是给他们带来荣誉的行为。贵族们的狩猎活动亦有着控制自然世界的象征意义。所以，狩猎活动从准备到正式开始分为好几个阶段，形成了一套周密而成体系的仪式。

其中猎物的肢解尤具仪式感，被认为是战士必须掌握的技能。通过肢解仪式，才能将野兽变成适合食用的肉块，而人类也得以夸耀他们对野性世界的支配。但是到了中世纪下半期，上述仪式性、象征性要素被弱化，狩猎呈现出向特权娱乐性质转变的趋势。

自中世纪到近代，狩猎始终是一项深受王侯贵族喜爱的活动。"狩猎"等于"贵族活动"的观念至今依然存在。即便到了现代，出身名门的男子或政治家仍喜欢在广阔的私有土地与国有土地上狩猎。令人惊讶的是，据说前东德领导人昂纳克曾在大片国有土地上随意狩猎。当然，在这个森林之国，狩猎作为一项普通的娱乐与体育活动亦广受平民百姓的欢迎。现在，德国已有35万人取得狩猎许可，法律对狩猎活动也做了严格规定。

在德国，每年都会猎获100万只以上的狍子、约50万头野猪、约50万只野兔、35万只野鸡。此外，还有一个惊人的规定，即除住宅区、商业区、公园、墓地等地以外，德国所有土地（包括田地与牧场）都可以狩猎。人们狩猎的野味不但在餐厅菜单中十分常见，也常出现于普通家庭的餐桌上。德国不愧为一个森林之国。

从地中海到内陆河流

说完森林，让我们将目光投向河流。我在前文中讲到，罗马帝国为了抵御日耳曼人的入侵，修建了一道连接多瑙河、莱茵河等大河的要塞线 —— 界墙。不难看出，自古代末期起人们就有利用河流这种自然界线作为防线的思想。

除防御外，河流还发挥着十分重要的作用。让我们从商业和经济的角度来看看古代到中世纪的时代转变。曾有人认为，因为7世纪伊斯兰势力的抬头，地中海沿岸的商业活动以及船舶航行受到阻挠，于是以内陆农业为中心的西欧农业社会、封建世界才得以建立。然而最近这样片面的看法不再流行，取而代之的观点是，中世纪初期农村与近郊的物资交易已颇为发达（也就是说商业与贸易已产生），手工业也欣欣向荣。

我们需要注意，在此之前，河流作为重要的军事界线，虽曾被积极运用于军队输送与物资补给等方面，但它作为商贸道路的利用并不充分。而自中世纪初期开始，利用莱茵河、多瑙河等一些纵贯横跨德意志的大河所进行的商务贸易则呈现出蓬勃的活力。这是划分古典时期和中世纪的重要史实。

罗马帝国曾将地中海称为"我们的海"，从中不难看出，它的经济重心始终在其南部与地中海东西部。罗马帝国正因控制着这片巨大的内海，发展了繁盛的贸易，才使得其文明的繁荣成为可能。

但是罗马帝国灭亡之后，不，是远在这之前，活跃于海上的航海者、商人便已骤减，而乘船往来于内陆大河进行贸易的商人数量却与日俱增。受益于河运交通，大河沿岸不断有新的城市形成并发展壮大。在某种程度上，中世纪的德意志便是在这内陆自然的恩惠之一——河流的恩惠之下稳步前进的。

第二章

依山傍河的生活

修女希尔德加德的幻视——"生命之源的自然"

接下来继续回顾德意志中世纪中后期的历史。萨克森王朝重现了查理大帝的帝国辉煌，并将帝国中心明确地从法兰克转移到了德意志。然而这个王朝并没有持续多久。如前所述，历经四代继承人后，它就被萨利安王朝取代了。

主教叙任权斗争的背景

萨利安王朝成立初期发生的重大事件便是叙任权斗争（任命神职人员的权力）。这是德意志皇帝与罗马教皇之间发生的首次巨大冲突。对峙两方为亨利四世（1056—1106年在位）与格列高利七世（1073—1085年在位）。

前者的父亲亨利三世继承了之前王朝的帝国教会政策，在保护修道院的同时与罗马教皇密切合作，致力于改革运动。但随着教皇权力的扩大，教会不愿再让世俗权力介入圣界。于是其子亨利四世在位时，双方围绕主教叙任权发生了斗争。

当格列高利对亨利下达破门律逐出教会，而家臣们"对君主尽忠，随君主征战"的效忠宣誓也随之解除之际，亨利曾表现出忏悔之情。他来到意大利北部岩山的卡诺莎城堡门前，在冰天雪地中足足站了三天三夜才求得教皇的原谅。这就是发生于1077年著名的卡诺莎之辱（图2-1）。

但此后亨利四世反守为攻，返回德意志平定诸侯叛乱，随即

攻入意大利，迫使格列高利逃至
萨勒诺。然而亨利的儿子们发动
的叛乱使形势再一次逆转。最终，
亨利在失意中与世长辞。

图2-1 卡诺莎之辱。向玛蒂尔达女
伯爵恳求调停的亨利四世

亨利的儿子亨利五世于1111
年登临帝位，但叙任权斗争仍未
结束。1122年，教皇卡利克斯特
二世与亨利五世终于签订《沃尔
姆斯宗教协定》。此协定中规定
"皇帝放弃主教任免权，但可以先于教皇指定主教"。

然而，为何德意志皇帝（国王）认为自己可以介入教会的人
事委任呢？实际上在德意志，国王被认为是神圣之人，而非世俗
之人。因皇帝自诩为基督教世界至高无上的祭司，所以理所当然
地认为自己能够指导教会以及神职人员并进行改革。他万万没想
到，自己的行为居然会被诘责为"世俗权的介入"。

在德意志国王等于神圣罗马皇帝的情况下，此种神圣性一方
面可解释成是来自基督教教义，但它也融入了日耳曼式的"自然
神圣"的神圣性。这便是德意志历史上伴随权威与权力的特殊神
圣性。

在展开叙任权斗争的同时，亨利四世还决定在教会政策之

上实施"帝国家臣政策"，以对抗封建诸侯的割据林立。这是一个将直属于皇帝的非自由身份[1]的家臣置于国王——皇帝的直辖领地中，让他们进行组织管理，使领地得到扩张的战略计划。然而这遭到了贵族的反对，他们开始反抗皇帝。结果，皇帝不但没有在领地与组织方面建立起加强皇权的制度，反倒使诸侯稳固了各自领地的统治权并延续至今，使德意志形成了地方分权的政治制度。

在由选举决定王位、皇位的制度下，王权与帝权日益弱化。当萨利安王朝随着亨利五世的逝世（1125年）而终结时，有选举权的主教与诸侯推选了苏普林堡家族的萨克森公爵为洛泰尔三世。他在临死之际指定女婿巴伐利亚兼萨克森公爵，即"傲慢者"亨利为继任人。可诸侯们并不喜欢这个骄傲自大的男人，选了霍亨斯陶芬家族的康拉德三世登基帝位。从这些过程可以看出，选侯[2]的权力要远高于皇帝的遗志。

那么为何王权是由选举决定而不是由血缘决定呢？这是源自古日耳曼时代的惯例。最初在德意志王国（帝国），先是国王

---

1 与居住在自由地，参与公共制度，构成共同体的自由民相对，是服从于领主制统治，担负赋役劳动，无选择居所、结婚、继承等自由之人。——原书注

2 指七个有选举罗马人民的国王和神圣罗马帝国皇帝的权力的诸侯。

鼓动诸侯推选自己的儿子为共同统治者，他死后，他的儿子便登基为王，实质上就是世袭制。可有时也会出现选侯权力过于强大而无法贯彻国王意志的情况，并且由于后述的"大空位时代"，血统继承权就此淡出历史舞台，取而代之的是纯粹的选举王位制。

当然，每选举一次，国王的实质权力便会被削弱一分，最终成为诸侯们的傀儡。这也是德国不同于法国、英国、西班牙，一直到近代都没有建成一个强大统一国家的原因之一。

康拉德三世去世后，他的侄子腓特烈一世（1152—1190年在位）受诸侯推举而登上帝位。腓特烈一世在处理完意大利的各项事务后，

图2-2　腓特烈一世（巴巴罗萨，红胡子国王）

便立即着手解决德意志的国内问题，例如其母方表兄弟巴伐利亚公爵狮子亨利[1]的反叛。之后，就在他率领十字军第三次出征，打算在对基督教的奉侍中度过余生时，不幸于奇里乞亚的萨列法河

1　狮子亨利（1129—1195年），德意志诸侯和统帅，萨克森公爵和巴伐利亚公爵。

中溺亡。

　　腓特烈一世死后，他的儿子亨利六世也英年早逝，德意志陷入了一片混乱之中。接着便出现了韦尔夫家族的奥托四世与亨利六世的弟弟菲利普的双重王权。菲利普被暗杀（1208年）后，教皇英诺森三世为了对抗奥托四世，便拥立亨利的儿子腓特烈二世（1215—1250年在位）。趁着奥托在布汶战役（1214年）中大败于法国国王腓力二世，腓特烈侥幸在亚琛加冕为帝。

　　腓特烈二世是一位学识渊博而不拘一格的伟大人物。他反抗教皇，立自己的儿子亨利七世为德意志国王，自己则在西西里统治着意大利。

领邦分立时代的来临

　　在腓特烈二世几乎不踏足德意志的这段时间里，德意志诸侯趁机取得了关税征收权、货币铸造权、筑城权、审判权等一系列国王大权，对自己的领邦进行了强有力的控制，并致力于城市建设与农田开垦。

　　1254年，腓特烈的继任者康拉德四世去世后，德意志便迎来了大空位时代（1254—1273年），开启了无君主时代。仿佛倒退至皇帝统治以前的部族时代，早前扎根于地方的势力开始浮现。

单看萨克森、施瓦本、洛林、弗兰肯、巴伐利亚这五个部族大公的领地，就可以发现曾经民族大迁徙时其部族的源头。这象征着查理大帝的合理的制度改革、推进基督教化、加强中央集权 —— 法国稳健地走在这条路上，而德国走上的是一条与其截然相反的道路。

就这样，领邦内贯彻了"领邦内皇帝" —— 领主的统治。而现今德国各州在司法、教育、年历等方面都拥有较大权限，这也与上述历史紧密相关。

神圣罗马帝国从 10 世纪的奥托一世时代一直延续到 19 世纪初，而皇帝拥有极大权力的时代却仅到 13 世纪。13 世纪下半叶后，神圣罗马帝国便有名无实，变成了一种领邦与城市分立的联邦制。在随后的 6 个世纪里，神圣罗马帝国一直维持着这种状态。

大空位时代后，哈布斯堡家族的鲁道夫一世（1273—1291 年在位）于 1273 年被选侯推举为国王。这是哈布斯堡家族出身的首位国王兼皇帝。

哈布斯堡家族原有的土地为瑞士西北部及莱茵河上游，鲁道夫收复了奥地利，又取得了施泰尔马克。而后围绕继承问题，哈布斯堡家族与卢森堡家族展开了激烈的争夺。而作为外部势力的教皇与法国的参与，令局势变得更为错综复杂。

1346 年，当波希米亚国王的儿子、卢森堡家族的查理四世（1346—1378 年在位）被选侯们推选为王，这场长期的争斗才告一段落。查理在担任波希米亚国王的同时，也巩固了德意志王权。1356 年，他颁布了著名的"金玺诏书"，承认领邦支配者的至高权力，将选侯人数固定为七名并给予其特权，将选举规定成文。可以说在他的治理下，德意志国政恢复了久违的活力。

然而卢森堡家族的统治并不长久，继查理的儿子瓦茨拉夫与西吉斯蒙德之后，哈布斯堡家族的阿尔布雷希特二世，即西吉斯蒙德的女儿伊丽莎白之夫，继承了帝位。

此后，神圣罗马帝国实质上长久地处于哈布斯堡家族的世袭统治之下。阿尔布雷希特二世于登基第二年去世后，腓特烈三世（1440—1493 年在位）登基。腓特烈三世昏庸无能，领土在其统治下渐渐丧失，其对政治与教会改革也漠不关心。

中世纪农民的概况

下面让我们了解一下中世纪时占据德国大半人口的农民。在5 世纪至 9 世纪的法兰克时代，庄园可分为领主直营地与农民保有地。即便是有人身自由的农民，也要奉命按期去领主的直营地服劳役，还必须缴纳年贡。而非自由身份的农民则一年到头都得在直营地劳动。最初的粗放型农业收成相当有限，后来由于农业技术的改良，适用于坚硬土质的有轮重犁的诞生以及水车的改进，逐渐改变了土地利用与家畜饲养的方式。

中世纪盛期（11世纪至13世纪），因为人口骤增，城市繁荣，货币经济发展，农业经济效益也大幅提升。农民们的实力得到增强，庄园领主直营地的赋役大幅减少，大半

图2-3　向领主缴纳年贡的农民

都转变为以货币缴纳地租，向领主缴纳的租税渐趋固定。与此同时，农民的村落共同体也获得了一定的自治权与审判权。

此外，耕地增加，耕作方式从二圃制变为三圃制，作物以小麦、黑麦、大麦、燕麦等麦类为主，辅以豆类作物以谋求多样化，从而解决了因天气反常所导致的歉收问题。从中世纪后期开始，为了酿造啤酒而大量种植啤酒花，可以说是德国独有的景象。

农业经济进步，谷物价格也随需求增加而上涨，给农民带来了积极的影响。但顺利抓住机遇者与错失机遇者之间却产生了悬殊的差距。尤其是在葡萄栽培地区与城市近郊，财富激聚，阶级分化现象十分明显。

到了中世纪后期，即14世纪至15世纪，由于农业生产衰退，

人口锐减，再加之农业产品价格低迷，农村再次模样大改，荒废的村庄不断增加。特别是 1347 年至 1350 年蔓延至欧洲的黑死病，至少夺走了三分之一人口的生命。所到之处横尸遍野，抛妻弃子、独自逃跑的景象随处可见。

向东部移民为何必要

农民也多受惠于森林。中世纪盛期，在与领主权力相对的村落共同体的权力大幅增强的同时，农民们也取得了森林的使用权。此外，通过开拓森林、开垦土地并迁移入住，农民们获得了更为自由的身份与特权。其中规模最大的垦殖是向易北河（与萨勒河）东面进行的"东向移民运动"。

在易北河对侧开展的新土地开垦，不仅改变了部分中世纪农民的生活，也对日后此地与南边的奥地利成为德国统一运动的北部中心意义重大。德国的国界线本就增减移动，从未固定。这也是让整个德国历史有别于其他欧洲各国的原因。

这既是德国的弱点，亦是其优点。德国北部临海，南有阿尔卑斯山脉区隔他国，而东西方向呢？如往西面推进，则会与法国发生利益冲突。倡导"自然国界"的法国一直以来都想以莱茵河作为国界，而视莱茵河为己物的德国却始终执着于将其西侧地带也收入囊中。后来成为德法纷争导火索的阿尔萨斯－洛林问题便起源于此。

西进将会引发与法国的冲突，东面却是一片蛮荒之地。由于德国国王在实施意大利政策的同时，还要实行东方政策来稳固王权，所以当人口增加，新土地变得必要时，国王便将其开发管理委托给有实力的诸侯，以压制人们的不满。

易北河原为德国与东边荒蛮之地的界线，斯拉夫人直到9世纪都居住在那片土地上。德国人的扩张始于10世纪，他们先是在公元968年于马格德堡设置了大主教管辖区作为向东方扩张的据点。12世纪，殖民活动正式开始。这片易北河流域虽然山地稀少，低地广阔，但土壤贫瘠，并不适宜农业生产。因而此次垦殖还伴随着与自然的搏斗——开垦荒地，改良土壤，使之适宜农作物生长。在垦殖过程中，斯拉夫人惨遭驱逐。

垦殖与占有进程中担任主角的是农民、手工业者，还有商人。其中农民的数量非常多，想必他们是为逃离领主制的压迫而奔向东方的新天地。当时也有领导他们的殖民负责人。骑士阶层中那些家族排行在次子以下、无法获得广阔领地的骑士也向东方进发，一旦获得土地便招募农民。此外，勃兰登堡边区伯爵领地不断推进易北河与奥得河中间的区域德国化，并向东方更进一步。

同时，我们也不能忽略修道院的举动。熙笃会修道院最先向东方扩张，从 12 世纪上半叶到 14 世纪上半叶，它修建据点，推进开拓荒地。其中意义最为重大的是于 1190 年为保护圣墓而设立的条顿骑士团。第四代总团长赫尔曼·冯·萨尔扎（Hermann von Salza）时代，他们在波罗的海沿岸的普鲁士殖民，赶走原住民拉脱维亚人与立陶宛人，获得了广大的统辖领域。

条顿骑士团领地比勃兰登堡边区伯爵领地还要更偏东。骑士团对当地的统治一直持续到 1525 年。尔后，条顿骑士团因宗教改革而世俗化，变成了普鲁士公国。再后来，勃兰登堡边区伯爵领地（后来成了选侯领地）与普鲁士公领合并为普鲁士王国，促成了 1871 年的德国统一。

开展东向移民运动期间（12 世纪中叶到 14 世纪末），德国的居住领域与语言区域扩大了三分之一以上，人口与谷物产量也随之增加。德国人的足迹遍布易北河以东的波罗的海沿岸（普鲁士、波美拉尼亚、梅克伦堡、勃兰登堡），以及原斯拉夫人的居住地，即现在的捷克、斯洛伐克、波罗的海三国、罗马尼亚、匈牙利以及俄罗斯国境附近。

割据山城的领主们

德国世俗社会的统治阶层是贵族，他们作为一方领主，以城堡为中心，统治着其下的农民。城堡根据修筑地点的不同可分为好几类。首先是建在地势险恶的山上用于防御外敌的山地城堡，能从山上的要塞将一切尽收眼底。其次是为统治更辽阔地域而修筑的平地城堡。另外还有在特别垒高的土堆上建起来的土堆城堡。

德语区有数千座城堡，其中大多位于河畔的小山丘之上俯瞰四下（图2-4）。这些城堡大多是贵族所建，它们自中世纪盛期起，便是管辖土地与居民的据点。

图2-4 萨勒河畔的古城

萨勒河沿岸所建城堡有60座以上，以密集程度闻名于世。其原因在于这条河长久以来都是"疆界之河"。例如10世纪时，萨勒河的西侧是法兰克、日耳曼的领域，东侧则是斯拉夫人的领域。

历史上曾有过两个筑城高峰期，第一个高峰期是在11世纪中叶到13世纪，公爵与伯爵这种高级贵族都十分热衷建造城堡；第二个高峰期始于13世纪中叶，下级贵族与家臣也开始能够建造城堡。建筑在森林的城堡大多都划定了耕地的出口，通常能集中强化领主的统治。

可事实上，领主通常并不具备相应的主权，也就是说，很多城堡都是被擅自建造在领主无权限或是权限不明的地方。

图2-5　忙于建造城堡的人们

因此，城堡便成了初次建立统治的可视象征，这自然引发了互相竞争的贵族之间的筑城纠纷。在中世纪后期，城堡就这样成了管辖区域的中心点、官员们的居所。与此同时，附近的村落便不复存在。从此城堡逐渐成为统治与管理的中心，还成为举行审判等严肃的司法活动、进行大规模集会的场所。

建造城堡并居住其中耗资巨大，故而建造城堡不单是为了安全与防御，其中也有宣示财富与权力的意图。中世纪后期，不断取得城堡及其周边土地的统治权、壮大家族势力的风潮日益蔓延。如卢森堡家族，据说在13世纪末时已拥有近100座城堡。

可是对于受统治的农民而言，领主们所建造的城堡却象征着沉重的统治。即使很多城堡的生活实际上都十分寒酸，但在空间上与领主隔离，以及来自城堡的轻视，都使人们强烈体会到社会阶层的差距。

尤其因为领主罚令权[1]中包含了筑城的赋役义务，领民不论身份高低，都会被召集去参与城堡的建筑、修缮、粮食供给或是监督工作。赋役规模越大，领民便越是精疲力竭，无暇顾及自己的工作。

河畔的城市建设

不仅是城堡，德国的繁华城市也大多位于河川沿岸或横跨两岸。这些城市的建立并非为了夸耀权力与财富，而是为了交通便利以及商业发展。商人将物产运到遥远的城镇或乡村时，河流是必不可少的运输之路。流经森林的河川则是木材最适合的运输之路。在交通运输工具不发达的中世纪，运输粮食、建筑材料等较重的东西时，河运要比陆运更廉价与便捷。

图2-6 莱茵河畔的施派尔大教堂

----

1 Bann，德语，为实现、维持和平与正义所实行的命令、强制、处罚权的总称。

莱茵河畔有着科隆、波恩、美因茨、沃尔姆斯、施派尔、斯特拉斯堡等大城镇；多瑙河畔则有着乌尔姆、雷根斯堡、帕绍等城镇。而位于巴伐利亚州的大城市慕尼黑，则因狮子亨利于1157年在伊萨尔河畔的慕尼黑村庄架桥征收关税，再加上货币铸造与市场的开设，从此走上了发展之路。

就这样，随着河运发展，德国城市亦逐步发展壮大。在此我们来简单了解一下中世纪城市所发挥的作用。

德国城市兴起于萨克森王朝（919—1024年）以及随后的萨利安王朝（1024—1125年）。虽然也有一些城市早在罗马时代便已形成，但多数是新建城市。来自遥远地方的商人们定居一处，形成城市，又在商人法的基础上制定了城市法，从此城市获得了独立的法律地位。

12世纪至13世纪时，大型城市成了商业与产业的中心。城市的治理方式各异，如城市领主统治、领主代官统治，以及城市自治。城市内有商人、手工业者组成的同行团体——公会，规定了经营形式、商品价格、制造规范、品质管理等。公会是师傅们的联合团体，其下有手工业者、学徒。手工业者经过数年的学习累积经验后，如果能通过师傅的考验，就能成为师傅。

商人与手工业者阶层推动了城市的形成与发展，除此之外，作为领导阶层的家臣阶层，即供职于城市领主的非自由身份的官员，也在扩张势力。他们原为军队指挥官、征税人、货币铸造负责人、庄官[1]等，在城市中转变为领导官员。中世纪城市的鼎盛时期是在 14 世纪至 15 世纪，据说当时仅德国就有 3000 多座城市。

商业、手工业的繁荣使城市日益富庶，可绝大多数情况下，政治实权都被掌握在一些城市贵族阶层的家族手中。中世纪末期，对这些极少数门阀的反对蔓延至社会，富裕商人与贫穷手工业者之间矛盾不断锐化，有时也会爆发动乱或进行制度改革。

此外，在中世纪城市中，也有很多人受到歧视，如刑吏、剥皮人、乞丐、流浪乐师、经营浴室以及理发店者、娼妓等。他们被认为是"无名誉之人"，不是被排挤就是受到严格的管控。

汉萨同盟与沿海城市

德国的重要城市不只在内陆河畔，实际上，北部沿海地区也出现了一系列极为重要的城市，它们就是北德意志汉萨同盟的城市群。

这个同盟是北海、波罗的海沿岸城市为确保商业特权而成立的联合组织，但它不仅是商人公会，还是军事团体，在政治方面

---

1 庄园内担任征收、上缴地租以及维持治安等任务的人。由中央领主派遣，或从地方有实力者中任命。

亦握有重权。汉萨同盟以吕贝克、汉堡等北德意志城市为中心，其鼎盛时期，从比利时到爱沙尼亚，加盟城市多达160个。12世纪，汉萨同盟由商人公会转变为城市同盟，并于1370年从丹麦国王手中夺得了波罗的海航海自由的保障。

图2-7　汉萨城市汉堡的港湾风景

汉萨同盟各城市互相联结，活动范围西至英格兰与佛兰德，北抵斯堪的纳维亚诸国，东达俄罗斯西北部。柯克船（大型帆船）将粮食、木材、毛织物、皮毛、铜、鱼、盐、黄油、啤酒、蜜蜡等运往四面八方。同盟一直持续到17世纪，但它的极盛期仅在14世纪至15世纪，后由于荷兰向波罗的海扩张而陷入低迷。

汉萨同盟统领的北方商业圈虽然临海，但实际上其城市的活跃与河流也有很大关系。因为易北河与威悉河流入北海，奥得河流入波罗的海，它们的众多支流远近交汇。同时，正因为有了连接河流的运河，远洋贸易与内陆流通相结合，才有了各地市集的商贸往来。自14世纪末起，运河开凿渐呈蓬勃之态。

16 世纪，以马克勃兰登堡 [1] 地区为中心扩张领土范围的霍亨索伦家族，终于也将普鲁士的继承权收入囊中。17 世纪，他们又向北德意志一带进一步扩大了版图。17 世纪下半叶，霍亨索伦家族在扩张领土的同时，系统地整治了河流与运河交通。而这为汉萨同盟的城市提供了广阔的销售渠道。

阿尔卑斯山与山口之路

在前文中，我阐述了中世纪德国河流作为交通之道、贸易之路的极端重要性。当然德国还有陆路，但是除部分干道外，都是未经铺设的崎岖险路，且因为要穿过森林，也有迷路或被盗贼袭击的隐患，要找到一条安全的路甚是不易。商人、使节或去往遥远圣地的朝圣者常行走于陆路之上，探险的骑士或贵族们则驱马而行。

德国有一条特别的陆路。那便是连接德国与意大利的道路，即翻越阿尔卑斯之路（山口）。众所周知，阿尔卑斯是将欧洲分为南北两部分的巨大山脉。从"阿尔卑斯的这边"与"阿尔卑斯的那边"的表达方式中可以发现，它是罗马时代以及中世纪分隔意大利半岛与欧洲大陆文明的分水岭。虽然阿尔卑斯山脉现属于

1　马克，意指边疆、边境地区。

法国、瑞士与奥地利，但它与德语国家之间却有着很深的历史渊源。

对于德意志皇帝来说，这条道路、这个山口也十分特殊。出于加冕仪式以及确认意大利为帝国领土的需要，皇帝有义务周期性地翻越阿尔卑斯山前往意大利。在众多可翻越阿尔卑斯山的山口中，德意志皇帝（国王）与其军队最常使用的是布伦纳山口（Brenner Pass）。

自公元962年奥托加冕为皇帝以来，德国与意大利的政治联系变得紧密且来往频繁。彼时的阿尔卑斯山除了是阻隔意大利与北方世界的屏障，不如说是连接教皇与皇帝、连接整个基督教世界的重要纽带。

从加洛林时代开始，为了方便翻越阿尔卑斯山，一些山口上还设了投宿处。到11世纪至13世纪，随着交通往来愈加频繁，大部分山口都有了投宿处，甚至还出现了更为舒适的旅馆。

与此同时，无偿牵引骡马的工作也作为一项义务强加给了沿路的庄园农民。从13、14世纪开始，有了专门的骡马牵引者，各地也成立了运输业者公会，取代了先前的农民。他们在一定的行程范围内收取费用运送商品及货物。除了布伦纳山口可以乘坐交通工具通过外，其他所有山口道路在14世纪到16世纪，都只能利用骡子或驮马通过。

如果山口附近有河流或湖泊，运输便会容易很多。而多亏了雪橇以及为数众多的驮马，山口道路的冬季如夏季一般繁忙，往来者络绎不绝。不同道路的运输耗时长短不一，有的甚至要花上近一个月。越过阿尔卑斯山，昂贵的布匹、香辛料、武器等从意大利运往各地，而奴隶、金属制品则被带回意大利。

但是对德国（人）来说，阿尔卑斯山所具有的意义并不仅在于它既是屏障又是通道。巨大的山体宛若屏风一般东西横亘，这巍峨的山脉是令人瞻仰的永恒景观。到了近代之后，它本身不再作为翻越的对象，而是作为攀登的对象，成了一个崇高的存在。

说起阿尔卑斯之国，我们都会想到瑞士。这座山的农民、牧人们面对统治者们的高压管制，合力抵抗，显示了极强的凝聚力。哈布斯堡家族的鲁道夫在与波希米亚国王奥托卡二世（1253—1278 年在位）的争夺中登上了帝位，他死后，乌里、施维茨、翁特瓦尔登三州的农民数次组织叛军与哈布斯堡军队交战，逐步取得了事实上的独立。

1315 年，上述"老三州"[1]于莫尔加滕战役中战胜了哈布斯堡家族。第二年，皇帝路易四世授予了它们"帝国自由城市"的特

1　也称森林三州，此三州及其联盟是今天瑞士联邦的基础。

别许可。1353 年同盟州增加，形成八州同盟。1513 年，十三州同盟结成。在 1648 年的《威斯特伐利亚和约》中，它们获得了国际社会的承认，1815 年的维也纳会议则认可其为永久中立国。

森林的化身 —— 野人

在此则让我们来关注一下有趣的"野人"形象，它显示了中世纪德国人与自然、森林的紧密联系。"野人"是中世纪欧洲人想象中的生物（图 2-8），他们粗暴却十分胆小，住在山林里，常见于幽深洞穴之类的隐蔽处，总是手持一根长长的棒子，过着原始的采集狩猎生活。他们毛发浓密，不会说人类语言，只会发出嘶哑之声，且不具备理性，所以并不被当成人类。

图2-8　野人

野人是森林的化身。他们有的是小矮人，有的却有巨人、怪物那么大。有的善良亲切，有的凶狠可怕。人们有时也会想象野人不只有男性，还有夫妇以及有小孩的家庭。

这种野人虽然也出现在欧洲其他国家的文学及美术作品中，但在德国却与其民俗尤为相融。在想象中，他们会帮忙照管家畜、制作奶酪，不听从他们的建议便会倒霉。人们举办以野人为主角的野人剧、舞蹈、游行，在狂欢节或是春季庆典时，还会打扮成野人出没于大街小巷。

野人与小矮人、家养精灵（kobold）以及其他各种妖精都沾亲带故。或许正因为德国人对森林有着非比寻常的迷恋，所以一直到近代，野人始终以传说或童话的形式陪伴在人们身边。

另外，从中世纪到现代，以树叶覆盖全身的"绿人"也会出现在狂欢节等节日的化装游行中，在抄本的插画乃至普通家庭的门扇、衣橱等雕刻中亦常能见到他们的形象。绿人也是野人的一种，甚至被雕刻于教堂之中。我们现在仍能在弗赖堡、特里尔、班贝格、马尔堡、斯特拉斯堡等地的教堂看到他们的身影。

拥有不可思议力量的修女

接下来，我将介绍一位对自然、森林的恩惠有着深切执念的修女。她叫希尔德加德·冯·宾根（Hildegard von Bingen，1098—1179 年），是 12 世纪的预言者，莱茵的西比拉[1]（本章开篇页画中左下角便是希尔德加德）。她天禀幻视之力，因能凭此做出预言而闻名。同时她还有一套与宇宙和人类相关的独创思想论述。

1　在古希腊、罗马的传说中，告知神谕的女先知。

52

另外，她还潜心自然。这个"自然"的独特之处在于，它既是理念上的自然，亦是现实中的自然。针对后者，希尔德加德对"植物"之力的见解十分重要。她所著的《自然学》以及《病因与治疗》中表现的智慧，主要来自日耳曼的传统及经验。

希尔德加德还研究了植物与其功效扎根于大地的神圣形态学，称"我们需要知晓，自然物质中蕴含着神奇的美德"。此外，她还根据季节与气候、大气之灵与古代众神的活动时期，说明了东方植物与西方植物哪个药用价值高、哪个对健康的维持与恢复更有效、是否存在危险性。

希尔德加德对疾病进行预后、预测、诊断，并开出以植物为基础的处方药，在此她提出了"绿性"（viriditas）这个概念。所谓的"绿性"，即指蕴含在植物中的自然物质或是特性，有提高疾病治愈力的功效。对于希尔德加德来说，这并不是单纯的颜色或性质，而是具有实体的、对身体有利的物质。

绿性的源头即是大地的分泌物（体液），它经过水与阳光的作用，转变成了叶子、花朵与果实，对人体也有好处。就这样，在希尔德加德的理念中，绿性变成一个有关健康的中心概念，一个附加创造原理，一种"重获年轻之力"。从更宽广的角度来看，绿性可以说是继承了日耳曼多神教与自然宗教对森林与大自然的赞美思想。

顺带一提，不知道是不是受希尔德加德的影响，德国人到现在仍对抗生素等化学药品的副作用心存畏惧，而对自然疗法情有独钟。药店、自然食品店里，药草以及汤药放得满满当当。这些针对肠胃病、感冒、畏寒、神经衰弱等病症调配而成的自然药品，都是基于中世纪对绿性的信任传统。

第三章

宗教改革与自然魔力

矿山的劳动情景

在德国历史上，"宗教改革"是划分中世纪与近代的一大重要事件。它不仅是宗教层面上的一个巨大变革，还在各个政治势力和社会阶层的剧烈冲突中，成为确立身份制度以及德国国家制度框架的契机。

　　当时的主要产业是矿业与纺织业。商人、手工业者们厌恶腐朽的规制，谋求更能自由逐利的社会环境。其中我们可以看到脱离中世纪行会生产制度的资本主义萌芽。它造就了令人们对改革满怀渴望的社会局势，尖锐地刺痛了天主教会的弊病。

　　宗教改革与文化革新携手并进。这么说是因为美因茨的印刷业者谷腾堡（约1400—1468年）发明的活字印刷术，使记述宗教改革创始者马丁·路德（1483—1546年）思想的著作广为传播。路德亲自翻译的德语版《圣经》也于1523年、1538年各印刷了5000册、20万册。自此，小商贩、手工业者、农民等平民也能阅读《圣经》了。

　　另外，像小册子和传单这样便宜又容易买到的阅读资料也大量印刷上市，天主教徒与新教徒之间展开了宣传战。受新教教义吸引的丢勒、老克拉纳赫等画家，亦纷纷创作作品为运动助力。就这样，以德国为中心的北方文艺复兴便与宗教改革同步发展了。

马丁·路德与宗教斗争

现在我们来看看宗教改革的原因
与结果。中世纪末期，罗马教廷因为
"阿维尼翁之囚"[1]（1309—1377 年）、
"教会大分裂"（1378—1417 年）以及
世俗国家的发展而焦头烂额，威信尽
失。文艺复兴时期，罗马教廷重新夺
回了权力与光辉，开始着手改造罗马。
然而此次大改造，却伴随着进一步背
离福音精神的负面影响。

图 3-1 路德的肖像

　　其中，德意志的修道士马丁·路德（图 3-1），循着英国的
约翰·威克里夫、波希米亚的扬·胡斯等先驱者的足迹，发动了
德意志宗教改革。1517 年，他抨击在罗马天主教廷横行无阻的赎
罪券为腐败之最，并在其担任神学教授的维滕贝格的城堡教堂上
贴出了《九十五条论纲》，主张"因信称义"，引起很大反响。这
场运动很快便呈现出星火燎原之势，在瑞士与法国，新的改革者
纷纷出现。与此同时，整个社会风潮为之一变，开始对现存秩序

1　指圣座迁移到法国阿维尼翁（当时为教皇领地）的一段时期，其间七
任教皇和大部分枢机均为法国人。

举起反抗的旗帜。

教皇的破门律并未使路德屈服，他成立了一个新教派，而像萨克森、黑森、普鲁士、勃兰登堡等北部自然环境恶劣

图3-2　讽刺画——路德的敌人们（教皇与天主教神学者）

的新兴领邦则开始信奉新教。路德主义经由"东向移民运动"，迅速远播到已成为"德意志"土地的北德意志、斯堪的纳维亚半岛等地。1521年，虔信天主教的查理五世在沃尔姆斯召开议会，要求路德撤回其异端言论，却遭到拒绝。他下令将其逐出帝国，而萨克森选侯则将路德置于自己的保护下。

在宗教改革前后，德意志的国家体制与政治的发展历程是怎样的？16世纪的第一位神圣罗马皇帝是哈布斯堡家族的马克西米利安一世（1508—1519年在位）。他通过与勃艮第公爵之女玛丽的联姻获得了荷兰、弗朗什－孔泰、佛兰德的统治权，并为各方面都亟待改革的帝国四处奔走。他改革帝国议会、帝国军队、帝国最高法院，力图将受到分立领邦限制的帝国政治、外交、司法、军事实质化。然而，这些凌驾于领邦之上的机构并没能充分发挥作用，后来领主以及各城市依旧与皇帝呈对峙之态。

在马克西米利安时代，德意志与法国国王始终纷争不断，而东面则与匈牙利、土耳其干戈相交。马克西米利安的儿子"美男

子"菲利普一世（勃艮第公爵，1482—1506 年在位）与西班牙天主教双王[1]的继承人胡安娜结婚。由于祖父、父亲的相继去世，其子卡洛斯猝然成为卡洛斯一世并登临西班牙王位。1519 年，卡洛斯一世又被推选为神圣罗马皇帝，成为查理五世（1519—1556 年在位），并于 1530 年在博洛尼亚接受教皇的加冕。由此，哈布斯堡家族建立起了一个横跨德意志、意大利、西班牙，乃至新大陆的世界帝国。

查理五世与法国国王弗朗索瓦一世进行了数次意大利战争，后于 1529 年签订《康布雷和约》。查理推崇来源于罗马帝国的天主教理念，他在德意志西南部的城市施派尔召开帝国会议企图阻止宗教改革，可遭到了五名帝国诸侯与十四个帝国城市的反对。他们在 1530 年结成诸侯同盟（施马尔卡尔登同盟）以对抗皇帝与天主教。而皇帝亦于 1539 年与天主教诸侯结成纽伦堡同盟与之抗衡。

天主教方面则以特利腾大公会议（1545—1563 年）为契机，大力推进自我改革，并对拒绝参加会议的新教徒实行镇压。这便是施马尔卡尔登战役（1546—1547 年）。由于压倒性的军事力量优势，在与新教徒的对抗中，皇帝取得了暂时性的胜利。但领主

---

1 指天主教教徒阿拉贡国王费尔南多二世与卡斯蒂利亚女王伊莎贝拉一世。

们却不论宗教派别，唯恐自己的独立权力被削弱而加大反击。皇帝企图强化统治权的尝试最终以失败收场。

领邦教会的诞生

代替失意的查理召开奥格斯堡宗教和谈（1555 年）的是他的弟弟斐迪南一世。该和谈公开承认天主教与路德派为帝国内的两个教派（加尔文派、茨温利派、再洗礼派则不予承认），规定"当地统治者有权决定其臣民的教派归属"。个人依旧没有信仰自由，唯三百个领主与帝国城市当局获得了选择信仰（领邦教会）的权力。

就这样，新教获得了与天主教同等的权力，德意志也因此陷入了难以挽回的分裂境地。不要说帝国，就连王国也变成了一个有名无实的存在。

但宗教冲突并没有因奥格斯堡宗教和谈而落下帷幕，斗争依旧持续，还导致新教同盟（1608 年）以及与之抗衡的旧教同盟（1609 年）相继结成。由于这两个同盟的背后分别是西欧的加尔文派势力（尤其是荷兰）与天主教盟主西班牙，这意味着宗教问题不再局限于德意志，亦将相邻国家卷入其中，引发频繁的国际纷争。

总而言之，宗教改革与其后的宗教战争的结果是，德意志成立了以宗教为基础的领邦国家体制。各个领邦就好比是"初期近代国家",强化了内部的中央集权,培养了一批对领主俯首帖耳的官僚,使行政机构渐趋完善。

当时,为了让臣民服从,尤其必须确立神职人员、贵族、自治城市等的特权身份(等级制),领邦开始大力提倡与规范家庭、学校的宗教和道德教育,并推进贫民救济、流浪者政策,落实社会福利。通过对宗教的控制,领主进一步强化了权力。

德意志农民战争与自然

让我们把话题转回到路德。将此次路德改革视为希望降临的是长年在领主的横征暴敛下苟延残喘的农民。即便城市崛起,商人享尽荣华,农民的生活环境依旧十分艰难,于是在 15 世纪至 16 世纪,为收复"古老的权利",各地陆续发生农民起义。其中规模最大的是 1524—1525 年的"德意志农民战争"。在包括(现今的)奥地利与瑞士的德意志南部,大规模的农民起义此起彼伏。

农民军烧毁城堡、占领修道院,圣俗诸侯措手不及、狼狈不堪。可很快以施瓦本同盟军最高指挥官格奥尔格·特鲁赫泽斯·冯·瓦尔德堡(Georg Truchsess von Waldburg)所率领的军队为首,诸侯军队加强了攻势,从 1525 年 4 月到 1526 年春,农民军被接连击破,据说有 7 万至 10 万的农民惨遭屠戮。

实际上，此次农民战争亦与自然有着密不可分的关系。农民战争发端于德意志西南部的黑森林区域，而后扩展至南德意志的高地一带以及瑞士，甚至德意志中部。1524 年 6 月 23 日，黑森林的图林根封邦伯爵领地的农民率先起事，而后各地组成了许多农民军，如黑森林－黑高（Schwarzwald-Hegau）农民军、阿尔高农民军、博登湖农民军、巴尔特林根农民军、巴登边境伯爵领地农民军、布赖斯高（Breisgau）农民军、阿尔特多夫农民军、阿尔萨斯农民军、陶伯河谷农民军、内卡尔－奥登瓦尔德（Neckar-Odenwald）农民军等。从地势上来说，这些农民都来自高地、低谷以及深林区域。或许山岳地带的农民要比平原地带的农民更具革命性。

另外，让我们着眼于禁止农民狩猎与保护狩猎动物这一问题。1525 年 3 月制定的《十二条款》反映了上莱茵地区与上施瓦本地区农民的不满与诉求，它在两个月间再版 25 次，印刷总数多达 25000 册，

图3-3　袭击农民的雇佣兵

影响巨大。农民们要求取消什一税，废除农奴人身依附关系制，并要求取得任免本地区牧师的权力。除此之外，他们还要求获得狩猎与捕鱼自由。

例如第四条中，农民们要求解除禁令，认为贫穷的农民没有狩猎与捕鱼权很不合理。此外他们还申诉，因为上层人士保护狩猎动物导致庄稼被糟蹋，生活困苦不堪。而第五条则与森林相关，他们要求将森林的砍伐权恢复公有，并提出应当选举护林员。

布罗肯峰的传说

这一时期，关于山的传说与民间信仰越来越盛行。这是一个过渡时代，由于发达的采矿业，人们与山的接触越发频繁，可即便如此，自然的威胁仍不容小觑。有关山的逸闻传说屡见不鲜，比如山中栖居着各种山灵，它们曾拯救因矿难而被困于地下的矿工；又或者山中的岩石是具有生命的母体，它们分泌水与养分滋养着进入大地体内工作的矿工。

人们还把一些特殊的山当作冥界。例如格林兄弟在《德国传说集》（1816—1818 年）中曾写，翁特山位于现奥地利的萨尔茨堡附近，山内是一个洞窟，里面有教堂、修道院、宫殿、庭院，以及金银之泉，还站着负责看守的小矮人。

另外又有这样一个传说：基夫霍伊泽是一座位于中德意志哈茨山地南部，地处图林根与萨克森－安哈尔特境内的山，红胡子国王巴巴罗萨在那儿等待最后的审判。如前文所述，虽然巴巴罗萨在十字军远征途中溺亡，可人们认为他仍长眠于基夫霍伊泽的洞窟中。传言他坐在石凳上沉睡，而不断长出的胡子，不知已将石桌绕了几圈。他等待着一个需要自己的王国，等待着那个决定性时刻的到来。

这个传说原先是关于他的孙子腓特烈二世的，但到了16世纪，巴巴罗萨亦被加入其中。其家族霍亨斯陶芬很有威望，而长眠于自然界的"山中洞窟"这一传说更使他们威信大增。与此类似的长眠于山或洞穴的帝王传说还有很多。

此外，当时还盛行着喻示山与女巫之间联系的传说。哈茨山地的最高峰布罗肯峰海拔1141米，终年云雾缭绕。相传每到4月30日的晚上，女巫们便会齐聚于此召开恶魔崇拜集会——"巫魔会"。

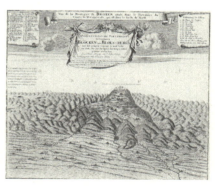

图3-4 布罗肯峰。女巫正飞翔于上空，身影渺不可辨

日耳曼、凯尔特宗教等基督教之前的教派，原本是在这一天举办"沃普尔吉斯

之夜"以庆祝春天到来。而基督教会为压制这些教派,将其妖魔化,描绘成女巫的狂欢日。

歌德的作品《浮士德》(1808—1832 年)对布罗肯峰与沃普尔吉斯之夜的描写相当有名。在第一部临近末尾处,受梅菲斯特引诱的浮士德登上布罗肯峰,被女巫们召开的沃普尔吉斯之夜的狂态魅惑,与歌声最优美的女巫跳起舞来。

相较于平原地带,"女巫"更多地诞生于山区。下一节所叙述的猎巫运动便起源于 15 世纪初的阿尔卑斯山脉西面(瑞士),尤其是伯尔尼地区,人们认为此处存在大量女巫。

女巫迫害的真相

既然说到女巫,接下来我将就撼动近代德国社会与宗教界的"猎巫运动 —— 女巫迫害"做一番阐述。此中我们亦能看到其与自然的密切关联。

所谓"女巫",其实是指 15 世纪到 18 世纪,在欧洲各地被教会法庭或世俗法庭残酷迫害的无辜人,且主要集中于 1570 年至 1640 年间。其中并非没有男性,但女性占了八成,此外还有孩童。

迫害的起因是,当村落或城市出现了难以解释的疾病、死亡或极端恶劣的气候、饥荒、虫害时,势单力薄的人便会成为众矢之的，被迫承担一切责任。

　　人们一般相信的说法是，"女巫"与恶魔缔结契约，专做坏事。她们制作毒药给人类与动物服食，运用邪眼（evil eye）让服用者生病或死去，令谷物枯败而死。人们还相信女巫会施展各种妖术、诅咒，使孕妇流产，使男性生殖器官消失，使幼童死亡。她们定期在夜晚涂上从恶魔那儿领的膏药，乘扫帚去参加"巫魔会"。她们在那里礼拜恶魔，吃孩童，跳狂热的舞蹈，之后再乘着扫帚归来，表现得若无其事。

图3-5　乘扫帚外出的女巫

　　女巫经由邻居或是家人的告发而被逮到法庭。法官则根据研究恶魔的"恶魔学者"所整理的手册进行审讯。对于那些千篇一律的问题，她们只被允许做出预设的回答，不然等待她们的就是遍及全身的针刺检查、水刑、脚刑、拔指甲等酷刑，直到她们承认自己是女巫。因此审判的有罪率极高。在屈打成招的供认中，她们还会被迫"坦言"与恶魔的契约、与梦魔的性行为、巫魔会之行，甚至是一起去巫魔会的家人及朋友的名字。

　　约有四分之三的女巫迫害以及处刑发生在以德意志为中心

的神圣罗马帝国，据说被害者总计有三万人以上。而在那些教会组织势力强大的地区，女巫迫害则更为猖獗，比如美因茨、科隆、特里尔的选侯领地，还有主教领地、德意志骑士团领地，等等。

为何德国女巫众多

为何猎巫运动在德国尤为盛行呢？原因之一是新教与天主教的教派对立，令信仰世界分裂成两半，人们开始对灵魂救赎与世界秩序产生前所未有的不安与怀疑。另外也有人解释说，德国中央权力匮乏，导致地方权力肆意横行，事态发展难以控制。

这些"女巫"本应如前文的希尔德加德·冯·宾根一般受人尊敬。她们熟悉草药，有时当产婆接生，亦用占卜帮助邻里乡亲。她们违逆带有反自然特征的中世纪天主教，不断提高物质、自然物、人体方面的知识，救助被各种疾病折磨的人。

在探究残酷的女巫迫害的原因时，我们或许可以参考这样一个视角：男性对作为"自然"精神化身的女性的神秘性，感到畏惧与厌恶。

德国与自然的关系比任何地区都要紧密，在这片土地上诞生了像希尔德加德这样的女性，她们能展开从植物知识到宇宙与人体对应关系的思考。可正因如此，当善与恶、对与错的关系被颠覆时，便发生了绝无仅有的女性迫害惨案。

图3-6　女巫的"巫魔会"

另一个可能受德国影响的因素是，我们或许可以说，公权力强化了社会规范，而君主为了维护其权力，创造出"女巫"这一概念。也就是说，为了维持严格的社会纪律，"打击邪恶，捍卫正义的君主"形象非常重要，因而恶徒作为惩罚对象，其存在对君主有利。

以公共权力如此规范社会的活动，德国称其为"政治"。所谓的"政治"，就是一系列为树立、重振良好正当的社会秩序的统治、管制活动的总称。自15世纪末起，为数众多的领邦、城市（整个帝国都是如此）相继发布行政令，规范生活的方方面面，例如宗教、经济、卫生、家庭等。由此，身份等级秩序与宗教道德被强加于民，人们的生活变得压抑而拘束。在德国，驱逐女巫也成了实现"正当"秩序与道德的行政手段。

女巫被定为规范化社会的行政对象，以及人与自然关系的扭曲发展，我认为这两点就是德国近代早期发生凄惨猎巫运动的原因。

设有王宫的矿山城镇 —— 戈斯拉尔

从中世纪后半期到 18 世纪，矿石开采以及相关的工业是德意志各领邦与城市财富的来源。德国的近代早期，也是一个矿业发展繁荣并以此为中心积攒财富的时代。那时的采矿业一本万利，属于明星产业。

过去，矿山以水车为动力，将地下浅层挖出的矿物运到地面。而到 12 世纪至 14 世纪，通过技术革新，人们已经可以挖掘较深的竖坑了。德国到处都在开采银、铜、锡、铅矿，银的产量更位居世界首位。对矿山享有支配权的领主们都获得了巨额收益。

中世纪德国最重要的矿山是萨克森的戈斯拉尔。关于这座矿山的发现，有这样一个传说：萨克森王朝的国王奥托一世逗留在戈斯拉尔东面的城镇时，曾让家臣骑士去哈茨山地狩猎。山势险恶马不能前，骑士遂把马拴在树旁，徒步去狩猎。当他回来时，看到爱马正用蹄子刨地，而其所刨之处正是矿脉所在。不过这并非史实，而是 16 世纪人们编的传说，可不管如何，银矿山就在哈茨山地。国王对矿山收入寄予厚望，将其保护起来，还在戈斯拉尔建造了宫殿。

11 世纪初，萨克森王朝的第五代国王亨利二世率先在这座城镇建造宫殿，接着萨利安王朝的康拉德二世也在此地建造王城。之后的 200 年间，这个城镇变得越发重要，成了帝国会议召开地。12 世纪，围绕这座城镇，皇帝腓特烈一世（红胡子国王）与萨克森公爵狮子亨利甚至还展开过激烈的争夺战。

此后，戈斯拉尔的发展亦十分顺遂。13 世纪，它既是汉萨城市同盟之一，又是萨克森城市同盟之一。戈斯拉尔矿山亦被称为"拉摩尔斯"（因矿山位于城市南部而得名），于 1992 年被列入世界文化遗产名录。

富格尔家族与矿山开发

支撑德国矿业发展的当然不只戈斯拉尔，还有一些中级山岳地带，如艾费尔高原、厄尔士山脉、哈茨山脉、绍尔兰、黑林山脉、施瓦本高地、苏台德地区、图林根山地等。这些山地与高地上，虽然金矿甚微，但银矿丰富，充实了领主的钱袋。不久后人们发现了铁矿，附近的铁工业也逐渐发展起来。

说起来，矿山开发与本章开头讲到的"宗教改革""农民战争"也并非毫无关系。富格尔家族与韦尔瑟家族一样，在矿山开发与金融业有着举足轻重的地位，足以左右整个欧洲经济。他们起家于 14 世纪的奥格斯堡，从匈牙利国王那里借来诺伊索尔（现名班斯卡－比斯特里察）矿山开采银矿，并将之精炼售卖。在雅各布二世时代（1459—1525年），富格尔家族通过银贸易踏上了富裕之途。雅各布二世先后向蒂罗尔公爵西吉斯蒙德、马克西米利安一世以银矿的优先购买权为担保，实现了巨额融资以确保利益。此后，他又直接参与矿坑口经营，设立精炼所。此外，铜对于加农炮等武器的不可或缺性导致其需求一路飙升。雅各布二世抓住这个机遇获取了巨额利润。

另外，在严苛待遇下苦不堪言的矿工们则屡屡举行罢工或爆发起义。其中，1525年在萨克森东面厄尔士山脉爆发的矿工起义便与农民战争有关。

矿山劳动者们袭击了市政厅、矿山监督官府邸、城堡等，毁掉了所有证书、誊本簿，并向经营方强硬地提出了自己的要求——《十二条款》。其他矿山亦爆发了同样的运动。有些矿工甚至成为农民战争的领导者。不过作为矿山经营者的富格尔家族自然支持领主一方。

顺带一提，路德的父亲在升为管理人员之前，曾是一名萨克森的矿工。路德就是在与这位父亲的矛盾冲突中走上了宗教家之路。虽然他的思想说不上带有矿工色彩，却也是一个耐人寻味的事实。

散布各地的矿山城镇

对于矿业来说，森林的存在必不可少，因为人们需要燃烧木材以熔化铁矿。矿业地带与森林、山岳密不可分。可以说，德国所拥有的比其他欧洲国家更丰富的森林、山岳地形，成就了这个产业。

萨克森的知名矿山城市除戈斯拉尔外，还有其东面拥有铜矿山的曼斯费尔德以及南萨克森拥有银矿山的弗赖贝格、施内贝格、安娜贝格、马林贝格等。蒂罗尔的矿山亦颇负盛名，初期发掘了数座铁矿山。而自中世纪末开始，以施瓦茨银矿山为代表的一系列银矿山变得更为重要。此外，还有摩拉维亚的伊赫拉瓦银矿山。13世纪下半叶，与南萨克森接壤的波希米亚的库滕贝格发现了巨大的银矿山，1300年人们开始铸造银币。尔后，于16世纪发现的约阿希姆斯塔尔银矿山亦十分重要。

14世纪至16世纪，矿业出现了飞跃性的发展。此后领主的实力愈加雄厚，矿山的什一税与金属生产优先购买权的利益共同构成了其巨大的收入来源。随着矿山开发作为领邦实业日渐体系化，领邦矿山的官员也被相继任命，例如管辖者、什一税征收官、造币所所长、矿山法官等。此外，还成立了矿工工会以居间调停为数众多的打工者与经营者。前述的富格尔家族那样的大资本家则或是通过收购大量的矿山股份，或是通过借贷给面临财政困难的领主从而取得作为抵押的矿产优先购买权的方式，大举进军矿业。

根据劳动体制我们可以做出如下推测。例如，作为施瓦茨银矿山的一部分，法尔肯施泰因地区在其最盛期（16世纪20年代）有着几十个矿区，产矿量多达十数吨。全区总计有数千工人，而各矿区人数又从100至500人不等。起先每个坑口处都有数名工人，挖掘坑道、开凿、搬运、精炼、排水等作业均无分工。但技术的革新使得向地下深处挖掘的竖坑采掘成为可能，于是分工化逐渐形成。

而对于近代工业更为重要的煤矿，我将在第五章阐述。

盐业推动城市发展

德国的制盐城市比比皆是。生活中必不可少的盐，自古以来就是当权者的独占目标。他们将其作为管制商品，通过征收税金大攫其利。"gabella"是中世纪税金的一种，属于间接税中的商品税，但最初是作为盐税征收的。

虽然沿海城镇的晒盐业相当发达，但其实欧洲还存在着丰富的岩盐矿，由古代海水蒸发后析出的盐层堆积而成。无须赘言，在并不面临地中海的德国，岩盐更为主流。盐所带来的巨大收益推动了城市的发展。

德国产岩盐的城市大多位于内陆。岩盐的德语是"halite"，想必"哈尔、哈雷、哈尔施塔特、施瓦本哈尔、巴特赖兴哈尔"等城市名便是当地岩盐业历史悠久的证明。

制盐的方法除了刮取岩盐（干式）外，还有将盐泉煮沸以析出食盐（湿式）的方法。煮沸盐泉需耗费大量木材，人们便借助河流用筏运输木材。因而盐同森林与河流也密不可分。只有管理好森林，制盐业才能继续发展，所以各个制盐城市都在努力规划资源利用，以实现可持续发展。

位于德国与荷兰国境附近的博尔特岩盐矿自古以来十分有名。而在奥地利则有哈尔施塔特岩盐矿，位于阿尔卑斯山中风景秀丽的哈尔施塔特湖畔。令人惊讶的是，据说3000年前人们就已经开始在这里开采岩盐了。另外，在奥地利因斯布鲁克以东约8000米远，有个名为"哈尔"的城镇，在13世纪中期发现了岩盐矿，从而产生了巨大的开采量。其开发权属于蒂罗尔伯爵，到14世纪中叶，其年均开采量为3000吨。国家预算的三成几乎都来自盐矿收入。

自然学与炼金术

银矿、铁矿、煤矿、岩盐矿，可以看出，哺育并支撑着德国重要产业的正是山岳与大地的恩惠。而精炼需要大量的水，物资搬运需要河流，森林则为熔炉熔融金属以及煮沸盐泉提供燃料，我们不难断定，森林与河流亦与之协力推动着自近世到近代的德国的经济、社会的发展。

这个时代，自然与人类、人类身体、社会之间的密切关系不仅孕育出了我在前章所述的与山岳相关的神秘传说，还促进了自然学的发展。

首先，与矿山有着直接关联的人物有格奥尔格·阿格里科拉（Georgius Agricola，1494—1555年），他是著名的矿山学家，同时也是医生，著有《矿冶全书》（De re metallica），于1556年出版（图3-7）。这本书是他对自己居住地区的采矿业的观察汇编，详细介绍了探矿、采掘、冶金、精炼等最新技术，阐述了采矿的实用性，其中虽有对各地迷信的批判，但也不乏对矿山的神秘遐想。比如，作者将山之

图3-7 《矿冶全书》插图。人们在锅炉间进行精炼作业等

精灵分为"会带来危害的恶灵"与"模仿矿工工作但仅为取乐的善灵"两种。

还有于1492年至1495年问世的《朱庇特的审判》，由拉丁语对话体写就，作者是在矿山城市担任教职的人文主义者施内沃格尔。在书中，他说"发现银矿脉后，被财富冲昏了头脑的人们不仅开采矿石令孕育了自己的大地母亲受伤流血，还忘却了自古以来对众神的崇敬之情"，对矿山开采作了一番批判。另外，他也叙述了作为大地之子的人类为了社会利益不得不开发矿山破坏自然的实情，并对开采工作表示理解。

以上作者不论是赞同还是批判矿山开采，都带有一种德国特有的有机观点，即将大地视为"有生命的神秘母体"。实际上这个时代，是科学与自然学的一大变革时期。德国自然学的各个领域均涌现出大量著作，尤以炼金术、魔法相关书籍为多。也正因此，德国对矿山的思考总带着几分炼金术与魔法的色彩。

在炼金术与魔法这方面，最具代表性的是帕拉塞尔苏斯（Paracelsus，1493—1541年），他既是炼金术士也是医疗化学家。帕拉塞尔苏斯出生于瑞士的艾因西德伦，受业于意大利，之后被聘为瑞士巴塞尔大学的教授，却因思想过于激进而惨遭放逐，长期过着流浪生活。他立志于创造出能治愈所有人类的炼金术，研究蔓延于矿工中的流行病，开创了一套在水银、硫磺中加入盐作为第三元素的炼金术物质原理学说。此外，他还全身心地投入于矿物质药品的开发之中。

格劳贝尔的《德意志的繁荣》

还有一个人也很重要，他就是 1603 年出生的自然哲学家约翰·鲁道夫·格劳贝尔（Johann Rudolf Glauber）。他自学化学哲学，又发明了各种化学器具，一直有着造福朋友与祖国的愿望。从格劳贝尔的著作《德意志的繁荣》（1656—1661 年）中可以看到他期望充分利用自己的研究成果来解决战后经济问题，以重振三十年战争（在下一章将叙述）给德国留下的荒废国土，并从土耳其人的侵略危机中保护基督教世界的气概。他深信"德国有着比其他欧洲国家更为富饶的自然珍宝，而拥有这些隐秘财富的德国才应当成为世界之王"。此外，他还记述了应当如何俭省富国而不浪费财富。他向人们传授浓缩葡萄酒、啤酒和小麦的技术，以便在生产过剩时不至于浪费，还建议城主们将这些浓缩物品储存起来，以备战时受围困之需。

格劳贝尔认为，德国的财富不仅有从肥沃土壤中长出的葡萄与小麦，还有木材与矿物。他认为"如果用炼金技术将丰富的矿物提纯，就可以获得巨额利润。而火与盐则能使贱金属改良为贵金属"。他主张"为了国家利益可以砍伐覆盖大部分国土的森林"，亦提到"从木材焚烧后的灰烬中会产生珍贵的盐，而盐里蕴藏着酒石[1]与硝石这些重要商品"。他认为"硝石可作为医药原料，亦可代替农民的堆肥[2]。另外作为火药原料也不可或缺，能够强化军备"，并提出"如果不燃烧木材，而用自己开创的手法——压缩木材榨取树液，则能更有效地生产盐，造福更多民众"。

我所介绍的上述学者，无疑兼备了将自然视作魔法的思想与面朝近代化学实验的志向，他们坚信对自然的介入与德国的产业、社会发展息息相关。可以说他们都是在近代早期的德国应运而生的人物。

---

1 主要成分是酒石酸氢钾，是制造酒石酸的原料。

2 把落叶、稻草、垃圾、野草等堆积起来腐烂发酵后制成的有机肥料。

第四章

从哈布斯堡帝国到德意志帝国

前去狩鹿的玛丽亚·特蕾西娅

17 世纪的德国历史是围绕着奥地利与普鲁士两国展开的。因为唯有这两个南北相望的领邦拥有能征服他国而统一德国的实力。奠定这一局面的是欧洲最大的宗教战争"三十年战争"（1618—1648 年）。我们首先就从三十年战争说起。

三十年战争及其结果

三十年战争的起因是哈布斯堡家族的斐迪南二世登上波希米亚王位后镇压新教徒，强迫他们改宗天主教。可这并非只是一场宗教战争，其背后是法国的波旁王朝与奥地利－西班牙的哈布斯堡家族的矛盾冲突。

属于哈布斯堡家族阵营的有罗马教皇、意大利诸国、波兰，而反哈布斯堡家族阵营中则有法国、荷兰、英国、斯堪的纳维亚半岛诸国、瑞士等国家，战况激烈无比。17 世纪至 18 世纪，法国成为天主教的领导者，荷兰与英国则成了新教之雄，德国内部新教与天主教的矛盾与国外这两方势力的对立相互联动。

哈布斯堡的统帅是波希米亚贵族华伦斯坦，反哈布斯堡集团的统帅则是丹麦国王克里斯蒂安四世。随后瑞典国王古斯塔夫·阿道夫与德意志北部的新教联手，可并未与华伦斯坦分出胜负[1]。

　　法国在与宗教立场本属对立的新教教徒古斯塔夫·阿道夫联手前，始终躲在幕后操纵时局。1635 年 4 月法国正式宣战，又加之丹麦与瑞典的矛盾，奥斯曼帝国的介入，局势愈加复杂莫测。

　　1648 年，《威斯特伐利亚和约》终于签订。法国从奥地利获得了阿尔萨斯，此外还取得了洛林地区的三个主教区。瑞典获得了北海、波罗的海沿岸。荷兰与瑞士则获得了完全独立。而常年作为战场的德国则饱受摧残，曾经的 1700 万人口也减少了三分之一。众多村落被毁，帝国愈加有名无实。《威斯特伐利亚和约》不仅规定将德国部分领土割让给法国与瑞典，还再度确认了 300 个以上的帝国诸侯（领邦、城市）享有主权。此外，天主教、路德派、改革派（加尔文派）成为三大主要教派，其他教派的存在也暂时得到了认可。

普鲁士对奥地利

　　此后，从 17 世纪下半叶到 18 世纪，普鲁士（新教的霍亨索伦家族）与奥地利（天主教的哈布斯堡家族）两国展开了决定

1　在吕岑会战中，虽然华伦斯坦兵败撤退，但是古斯塔夫·阿道夫却不幸阵亡。

"德意志未来命运"的霸权争夺。

15 世纪以后,波兰西侧国境附近的勃兰登堡边境伯爵领地(后成为选侯领地)是霍亨索伦家族的封地。而更东面的波罗的海沿岸的普鲁士公国则本就是同家族的德国条顿骑士团团长阿尔布雷希特的领地,二者在 1618 年合而为一。

1640 年,选侯腓特烈·威廉着手普鲁士公国的大改革,准许大批与公国交好的荷兰人移民入境,使贫瘠的土地变得富饶。同时,他接纳大量在法国遭受迫害的胡格诺派(新教徒)。这批胡格诺派新教徒大部分是颇具才干的手工业者或工厂经营者,他们促进了普鲁士的工业与贸易发展。另外,《威斯特伐利亚和约》不仅规定将莱茵河下游沿岸的小领地与普鲁士合并,还给予它马格德堡大主教领地以及东波美拉尼亚地区等。1701 年,腓特烈一世在东普鲁士的柯尼斯堡加冕为王,普鲁士王国真正的历史由此拉开序幕。

以腓特烈·威廉一世(同名选侯的孙子,1713—1740 年在位)为核心,普鲁士开始向军事化国家迈进,力图实现国富兵强。王国严禁诸侯在衣食住方面奢靡铺张,推崇质朴刚毅之风,并配备了 8 万受过正规训练的常备军。就这样,国家的权势不断提升,一个官僚主义军事国家逐渐形成。

1740 年腓特烈·威廉一世之子腓特烈二世(1740—1786 年在位)即位,他就是后来被称为腓特烈大帝的伟大国王。腓特烈二世对国家的强盛（扶持产业、强化常备军）贡献巨大。他先是横加干涉哈布斯堡家族的继承问题，企图占领相当于奥地利矿山资源宝库的西里西亚，从而引发了西里西亚战争。普鲁士获得了法国的支持，而奥地利女王玛丽亚·特蕾西娅（1740—1780 年在位）则同英国、荷兰、萨克森等结成了同盟。

1745 年，普鲁士以保有西里西亚为条件，承认玛丽亚·特蕾西娅的丈夫洛林公爵弗朗茨一世为神圣罗马帝国的新皇帝。由此，与三代前的神圣罗马帝国皇帝约瑟夫一世的女儿缔结了婚姻的巴伐利亚选侯查理·阿尔布雷希特挑起了奥地利王位继承之战。他在法国的支持下妄图继承帝位，可最终图谋失败，1748 年 10 月《亚琛条约》缔结。

接着便爆发了七年战争（1756—1763 年）。这次玛丽亚·特蕾西娅与法国同盟，俄国也加入其中。令与三国为敌的普鲁士苦不堪言，蒙受巨大损失。然而之后的国际形势却向着有利于普鲁士的方向发展了。由于敌对国的财政困难、厌战情绪以及国王的骤然离世，普鲁士侥幸赢得了七年战争的胜利。《胡贝尔图斯堡和约》承认了普鲁士对西里西亚的所有权。

此后，腓特烈推行重商主义，接纳来自法国的胡格诺派人士，发展金融业、手工业，在重视"容克"（农业企业家）的同时增强国力。1772 年他还协同俄国、奥地利瓜分波兰，吞并了西普鲁士、艾门兰以及诺泰奇河中游。1778 年他又参加了巴伐利亚王位继承战争。除此之外，在整顿官僚组织、进行军事重组、扶持农业及丝织业、编撰法典、改革司法等方面他也断行不疑。

那么奥地利又是怎样一幅光景呢？直到 17 世纪，奥地利一直是诸领邦以及波希米亚、匈牙利诸王国的集合体，加之东西面土耳其、法国的入侵，其王权的确立并不容易。虽然在三十年战争中，奥地利的实力与权威锐减，但它仍多次击退了奥斯曼土耳其的进攻，并于 1699 年从奥斯曼帝国手中夺取了匈牙利全域。由此建立了幅员辽阔的奥地利－匈牙利帝国，往昔的光辉再次照耀其上。与此同时，其国内的政治、行政机构也不断整顿完备。

1711 年，约瑟夫一世猝然离世，其弟查理即位，成为查理六世（1711—1740 年在位）。查理六世与路易十四的孙子腓力五世争夺西班牙王位。在自利奥波德一世（1658—1705 年在位）时代起就一直持续的西班牙王位继承战中，向来与荷兰一同支持神圣罗马帝国的英国却一改其态，退出了对法大同盟。1713 年，《乌德勒支和约》签订，翌年《拉施塔特和约》签订。至此，查理不得不放弃西班牙王位。

查理膝下无子，便决意立其女儿玛丽亚·特蕾西娅为继承人。他发布国事诏书以承认其继承权。这样玛丽亚·特蕾西娅继承家业成为真正的女帝。如前所述，她虽被普鲁士夺走了西里西亚，但将国内治理得井井有条，推行了一系列军事、财政、行政改革措施。此外家喻户晓的是，她还生育有 16 个子女，嫁给法国路易十六世的玛丽·安托瓦内特便是她最小的女儿。丈夫去世后，她开始与长男约瑟夫二世（1765—1790 年在位）共同治理国政。他们体恤农民，减轻赋役，解散耶稣会，并致力于扶持产业。

受其母影响的约瑟夫二世虽以开明专制君主著称，可他过于激进，改革最终失败，且亦未能如愿收复并扩大领土。

除了普鲁士、奥地利之外，萨克森、汉诺威、巴伐利亚等一些领邦也积极实行重商主义政策，以增强经济实力。不管怎么说，天主教占主导地位的南部奥地利与大半为新教徒的北部普鲁士势均力敌，展开了对统一德国主导权的争夺。

领邦中的城市

三十年战争后，公爵领、伯爵领、骑士领、帝国城市、主教领、修道院领等 1800 多个领邦相继成立，领邦分立主义渐呈体系化。各个领邦间不仅存在法律体系上的差异，互相设置的关税亦严重阻碍了商业的发展。巨额关税令领君坐享其成，却给以商人为代表的普通市民带来极大不便。许多诸侯都谋划使自己的领邦如君主专制国家那样强盛并成为文化中心，可仅是在不损害其自身利益的范畴内进行。

城市的自律性与自由性当然也受到了压制。因为城市财务官是以领君任命的监察官身份进入城市的。领君的干预力量十分强大，他可以操纵能影响城市经济的军装、武器产业，还通过军事裁判权对市民的生活横加干涉。除此之外，只有贵族才能参与政治，一般市民只能成为教师、法官、牧师，至多也就是担任低位官吏。

宗教改革本该促进城市自治精神的发展，但最终领邦城市的宗教选择权并没有如诸侯想象的那般得到承认。领邦城市暴露在外部的攻击下，政治上越来越软弱。许多领邦法令都在依据身份制维持社会秩序的同时施行领邦臣民体制，并以公共福祉为由，介入农民、手工业者、小市民的日常生活，对其进行严密的监控与管制。

开明专制君主腓特烈二世与马铃薯

普鲁士王国在德国统一过程中发挥了核心作用。其第二代继承人便是腓特烈大帝。接下来我会对这位大帝再稍作叙述。

腓特烈二世与其刚毅的父王腓特烈·威廉截然不同，他热爱法国文学，喜好音乐，亦是一位与哲学家伏尔泰有往来的文人。作为一位开明专制君主，他对臣民仁慈，视让国民过上幸福的生活为自己最大的使命。他鼓励发展文艺，在宗教方面亦十分宽容。他还命人仿照法国的凡尔赛宫，在柏林郊外的波茨坦建造了一座无忧宫。

可腓特烈二世并不是一位温和之人，前文中我便已叙述过他作为实干家在政治、军事方面所发挥的领导能力，在此我想重点说的是这位大帝与马铃薯的关系。马铃薯从南美经由西班牙、意大利传入，到17世纪末已开始种植，但最初只具药用、观赏用价值，或被当成猪饲料。三十年战争后，农民们失却土地，境况悲惨，随之而来的频繁饥馑更让他们苦不堪言。于是德意志西南部率先开始栽培这种曾经被忽视却营养丰富的蔬菜，供人食用，并逐渐在全国推广。

腓特烈大帝敏锐地感知到马铃薯的普及能拯救农民，进而强化普鲁士的国力（对此，其他领君亦有同感）。他不单效仿父亲腓特烈·威廉一世奖励种植马铃薯，还将薯种无偿派发给农民，并命令守卫以及士兵严格检查从栽种到收获的过程。可以说腓特烈大帝打算强制普及马铃薯种植。

图4-1　视察马铃薯栽培农家的腓特烈大帝

1756年3月24日，他向普鲁士的全体官吏发布了《马铃薯法令》，其中大力倡导道：马铃薯不仅营养价值高，利用价值大，在相同的劳动量下其产量也更为可观；要让农民理解栽培马铃薯的好处，鼓励种植；同时不单要指导农民栽培，还应当派龙骑兵及其他雇工监督，等等。

就这样，有了国王的亲自指示，加之与农民更为接近的领主、知识分子的指导，记录着栽培方法的小册子的发放，还有技术革新与农地扩大，马铃薯传遍普鲁士全域。不仅是农民，连士兵也爱上了马铃薯。

约翰·格奥尔格·克里尼茨（Johann Georg Krünitz，1728—1796年）既是一位词典编纂者，又是一位百科全书派学者，他曾不遗余力地倡导马铃薯的种植，强调其优良品质并大力推荐。他阐述道："马铃薯是庶民的玛纳（天国的面包），与肉、鱼、汤等一切食物都很相配，即便每天吃也不会腻。"对于因谷物不足而忍饥挨饿的穷人来说，马铃薯是真正的福音，甚至可以说，它壮大了军队，也使产业革命成为可能。

让我们再在马铃薯的话题上稍作停留。在德语中，马铃薯一般被叫作"Kartoffel"。但也有"Erdapfel"的叫法，它与法语"大地的苹果"（pomme de terre）几乎同义，有些地方便广泛采用此种叫法，这些人认为从意义上来看，它比由"松露"（Trüffel）

演变而来的"Kartoffel"更为贴切。不管怎么说，我认为这宛若与大地一体成长的马铃薯，作为生机蓬勃的自然恩赐之食，是与德国的饮食相合宜，且具有象征意义的食物。

虽然德国人并非只吃马铃薯与香肠，但它们毋庸置疑是德国饮食的代表。新教推崇简朴，视多食与美食为罪孽深重的浪费。在欧洲，美食文化繁荣的地方皆是天主教的地域。

16世纪以后，受反对美食的新教的影响，德国家庭的餐桌纷纷呈现出清冷乏味之貌。其中马铃薯与香肠因营养价值高，又能根据烹饪方式实现多种变化而为人们所钟爱。即使在今天，德国种类繁多的马铃薯作为万能食材仍被用于沙拉、浓汤、马铃薯泥、炸薯条等菜肴中，或是作为原料被用于松饼等甜点中。据说德国人每人每年可吃掉60千克以上的马铃薯。

即便到了19世纪市民文化蓬勃开展之际，德国依旧推崇简朴饮食，这与法国截然相反。在20世纪的纳粹主义中，简朴饮食甚至被提升至了信仰的高度。融合多种食材的大杂烩，即加入马铃薯、蔬菜、面粉制品，偶尔还会加入鱼肉的大杂烩（Eintopf），在德国乡村极为寻常，亦是十分普遍的节俭表现。到了纳粹统治时期，马铃薯成了"德国民族团结的标志、全国人民应该与元首一起食用的国民食物"。

现在，德国北部仍存在着在冬天吃"Grünkohl"的传统，这道菜由羽衣甘蓝（一种卷心菜）、香肠与马铃薯等煮制而成。按照成例，人们要冒着严寒徒步到兼营餐厅的旅馆去吃这道菜肴。他们的手推车中装了足量的酒精饮料以防冻僵，途中还会玩掷球游戏。

这个传统的高潮是以食量或是徒步过程中游戏的结果来选出"羽衣甘蓝国王"（或国王夫妇），选出的"国王"（夫妇）就得负责主办并准备下一年的传统活动。这既是一个徒步旅行活动，又是一个尽享严酷自然与大地恩惠的习俗。

德国启蒙主义的评价

普鲁士的腓特烈二世与奥地利的约瑟夫二世皆以开明专制君主著称。前者倡导人权平等、改革刑法、废除拷问、并努力减少死刑。后者则废除农奴制、实现信仰自由化、消除法律面前的身份等级差别、废除修道院。

可这样的政治启蒙主义并没有广泛渗透于社会中。因为开明专制君主自身并不怀疑"贵族—市民—农民"这一身份等级制度的正确性，亦不会以大幅牺牲高级官吏、军官这种支持国王统治的贵族的利益为代价，去保护农民或废除世袭隶农制度。

让我们来看看德国的宿敌法国。同英国一样，法国各阶层的民众都很重视"在个人独立、精神自由的基础上进行国家改革"

的启蒙主义。法国实行政教分离，尽量不让宗教束缚市民生活，并贯彻着这样一种理念：一个国家理想的存在方式应该是人们遵守基于自由决意之上的法律，而法理高于民族。市民整体便是社会，只要遵守国家法律，拥护民主共和政体，所有人都是这个国家的一员。法国依据法律精神确立了市民与社会共同体的领域（英国亦是如此），形成了公共性的基础。

然而德国的情况却与之大相径庭。首先，倡导"因信称义"的路德主义是因其符合身份等级制度而被广泛接受，它对于古典修养以及扎根于其中的市民理念是极为淡漠的。因为德国诸多领邦的政治制度培育不出民主的国家意识。

但德国却创造出了"国家的栋梁不是市民，而是民族"的神话。在宗教战争的旋涡中，由于诸侯与皇帝的对立以及诸侯间的分裂，国家统一遥遥无期。另外，德国虽然小邦分立，宗教上也一分为二，但仍保持着在根源上主张一体的民族传统 —— 日耳曼之魂。他们既不归属于拉丁性，也不归属于希腊性。他们不相信任何外来形式与被强加的秩序，认为只有从大地与自然中诞生而来的传统习俗才值得信任。

如此一个与启蒙主义、合理社交、罗马法律理念都渐行渐远的德国，自然会屡屡与以罗马天主教会和拉丁文化为支柱构建中央集权制度的法国爆发激烈的冲突。

94

然而进入近代后，德国不再一味轻视古典修养。德国哲学正是以希腊哲学为出发点的。另外，高级中学[1]也以希腊语、拉丁语的古文教育为中心。

可是德国的大学只是取得开启仕途资格的场所。对德国人来说，古典修养是成为技术官僚（technocrat）的准备，是附属于国家的。最终，它并没有成为促进优良市民社会形成的推动力。

公共场所的出现与家庭内部的情感生活

但是，我们不能忘记，德国也有其特有的"启蒙主义"。18世纪，受法国影响，启蒙思想传播到了德国（虽说不够充分），各领邦的中等规模城市都成了思想传播的中心。由艺术家、牧师、教师，甚至是邮局局长等主办的读书会、咖啡馆、沙龙等相继成立，共同的志趣将贵族、神职人员、上层市民联系在一起。这是市民作为公民协力参与政治的一缕微光。

在启蒙主义时代，家庭的形态与观念也发生了改变。家庭从以往的生产活动据点变为了情感共同体、以爱与人性联结起来的共同体，并与工作场所渐渐分离。同时，保障个人隐私、适用于不同使用目的的房屋空间也逐渐形成。然而在追求舒适的近代家

1　德国自 16 世纪以来的传统中等教育机构。九年制，以大学预备教育为目的。

庭中，女性却被禁锢于家门内，被男性要求具备与这个安宁场所相称的顺从与纯真品质。

另外，青年们踏上旅途，为谋求要职而游访重要建筑，拜访著名学者、艺术家、企业家。此种游学旅行，亦在这一时代成为惯例。以此惯例为契机，一张遍及各地的资讯网络形成，它将无法统一为民族国家的德意志凝聚在一起。这也带动了旅行书籍的出版热潮。旅行安全性的提高以及将邮政马车升级为公共交通设施，也有助于年轻人的游学旅行。游学旅行广受好评，被认为具有陶冶情操、提升素养、开阔视野的作用。

当宫廷与城市中萌生消费文化、享乐人生的态度时，不仅文学、音乐、戏剧活动呈现出一片欣欣向荣之势，人们也越来越多地关注起英国与法国的时尚，对带抽屉的衣橱、扶手椅等新式家具的需求不断增多。同时，桌子的数量与种类日益增加，烛台、镜子、陶瓷餐具、窗帘、遮帘、挂画也丰富了住宅文化，并适应了资产阶级的品位。

此外，观赏庭院亦应时而生，果园、温室、菜园、灌木丛、洞窟、池塘中，遍植着多种装饰用树木花卉。新兴市民阶层就这样被他们共同的兴趣与文化紧紧联系在一起，无论他们生活在哪个领邦。

可是，不同于法国，随着德国反动政治的愈演愈烈，启蒙主义所带来的趣味仅仅停留在趣味层面，几乎不曾发挥过公开政治批判的作用。这一点在文学中十分明显。在19世纪的法国文学中，公共事务与现实主义必不可少。与此相对，德国文学却通常只涉及一些微小愉悦的人际关系或对自然的欣赏，详细的内容我将在下章阐述。总而言之，德国虽已受到启蒙主义的影响，可由于市民们缺乏畅谈政治的场所，启蒙主义的力量十分微弱，未能超出趣味的范畴。

19世纪，德国经济极速发展，掀起了工业化与城市化的浪潮。随着机械化作业的日益单调以及工人与工薪职员的增加而引起的劳资关系变化等，以往农村的价值观、社会意识、行为准则不再适应当下劳动者的劳动环境。

在这种情况下，人与人之间形成了新的组织形式。在德国，"协会""工会""联合会""兴趣小组"等自发团体如雨后春笋般涌现。直到20世纪初，它们代替家庭与邻里，作为一个互相帮助、交流情感以及娱乐休闲的场所，发挥了积极作用。

裨益领主的农业改革

现在，让我们将时间稍往回拨。近代初期开始，易北河东部的君主（边境伯爵、选侯）势力不断弱化，而贵族势力日渐增长。在14世纪至15世纪所谓的封建领主制危机中，土地荒废，

97

村舍败落，农民数量骤减，而易北河东部的领主制统治却越发强盛。

自 16 世纪起，普鲁士贵族便亲手操控粮食的生产与贩卖，从中攫取了巨额利润，逐渐变为"容克"，也就是农业企业家。他们还废除农民的土地保有权，扩大直营地，并将农民降级为小舍农 [1]，无限制地加重赋役，强迫农民的孩子做其佣工，庄园领主所有制（Gutsherrschaft）就这样形成了。除以普鲁士为中心的易北河东部的德国诸领邦外，波兰、波希米亚、匈牙利也发生了同样的变化。

到了 18 世纪，农场规模扩大，很多下层农村家庭的男子被雇用。为生产远销英国的粮食，农场扩大了经营规模，并采用了独特的劳动雇佣形式 —— 以一年为单位雇用整个家庭在分配的土地上劳作，而农民可以从中获得一定比例的粮食收成。因为夫妻可以同时受雇及分配宿舍，劳动者们的结婚积极性提高，至少这一年内的生活有了保障。

另外，居住于易北河西面的农民原比易北河以东的农民更自由，他们只需以货币或实物向领主缴纳地租即可，并无劳动赋役。然而，到了 19 世纪，由于农民解放，政府大规模推进将土地

1　只拥有自己的家与一小块土地的农民。

所有权转让给农民的政策，贵族不愿减少收入，便将地价的偿付条件制定得比易北河东面要苛刻很多。农民无力在短期内付清，不得不花费几十年分期偿付。有些领邦也会设立农村信用合作组织来帮助农民偿付。而在 1848—1849 年，不堪忍受的西南德意志农民终于揭竿而起。虽然此次起义遭到镇压，但最终导致大量农民迁往美国。

森林的荒废与复原

得益于优越的气候与地理条件，德国在古代与中世纪早期曾拥有苍郁广袤的森林，然而自公元 1000 年起，随着森林砍伐以及开垦运动席卷整个欧洲，森林一步步走向荒废。农业发展、小麦等作物的急剧增产、人口的增加，这些都切实建立于森林的被消耗之上。同时，放养于森林的家猪亦破坏了森林下层植被，阻碍了树木生长。

中世纪末以来，领主将森林的减少归咎于农民的土地开垦。面对此种指责，农民们坚称"有自己的固有使用规则，只砍伐必要的树木，而所谓违法狩猎一些增长过多的野兽，不仅不会破坏自然，还有助于各种树木的生长"，并在各地成立了森林合作社。

即便如此，进入近代早期后，德国的森林还是遭受了极大的破坏。比起农民的开垦，主要原因应该是工业大发展导致的燃料用木材的大量消耗。冶炼矿石、制作陶瓷与玻璃、精制食盐，这些都需要燃烧大量木材。从17世纪末到18世纪，人口激增，加之滥砍滥伐，森林急剧减少。

此时，一些学者与林业官员敲响了警钟，计划使森林恢复原貌。他们需要付出巨大努力才能将业已荒废的森林恢复如初。萨克森的官房[1]官员兼矿业管理局局长汉斯·卡尔·冯·卡洛维茨（Hans Carl von Carlowitz，1645—1714年）等人大声疾呼森林的保护与再生的必要性。

但到了18世纪，即便是植树造林挽救森林危机，人们也不再种植生长缓慢的阔叶树（橡树、山毛榉等），改而种植生长迅速、适应于任何土壤的针叶树（云杉、冷杉），待其长大再一齐砍伐，周而复始。

尤其在德国，由于云杉木材用途多样，所种之木皆为云杉。这与日本到处种植杉树如出一辙。于是便导致了病虫害频发、土壤日益贫瘠、树木腐朽倒塌等一系列问题。此后，林业官员与森林学者们意识到了这些问题，开始思考如何以合理方式植树造林，以保全森林整体、保护林木景观。有关这一点，我将在第六章说明。

---

1 负责机要、总务、预算审计、人事等日常管理工作的办公厅。

第五章

产业发展与山的馈赠

为研究而登山的地质学家、植物学家、测量人员、画家

邻国法国在强大的王权之下早已建立起统一的国家，而直到1871年才完成统一的德国则显得较迟，甚至晚于曾分裂为城邦的意大利。虽然德国在适应法国大革命的影响中曾尝试统一，但由于奥地利与普鲁士旷日持久的霸权争夺，其统一的实现亦几经波折。现在就让我们来一览其过程。

无果的社会改革

1789年，西部邻国法国爆发了大革命，长期以来势力强盛的王权、特权阶级的封建领主被打倒。在"自由、平等、博爱"的标语指引下，所有市民都开始宣扬自己的权利。

而那些自上而下加强统治的德意志领邦，却并不希望法国市民的自发运动影响德意志，特别是普鲁士与奥地利。于是它们向法国革命政府挑起战事，并协同英国等国横加干涉。

1792年9月20日，本以为能够轻松取胜的普鲁士于瓦尔密战役中败北。专注于波兰瓜分问题的腓特烈·威廉二世国王（1786—1797年在位）与重回温和路线的法国政府（督政府）签订条约，将莱茵河左岸割让给法国。奥地利则联手英国，同革命主流雅各宾派作战。可无奈拿破仑·波拿巴在意大利所向披靡，最终奥地利被迫在坎波福尔米奥签订了媾和条约。

然而，此时的德国处于300余个小国分立的状态，语言、法律、行政体系都各不相同，仅靠联邦制维系在一起。所以法国的理念几乎没能在德国传播，市民与劳工没能团结起来自下而上发动革命。

同时，社会改革的举措亦是由政治家们自上而下推行的。腐朽的封建制与领主制使德国积贫积弱，因而各领邦推进自由化与社会改革的近代化运动势在必行。于是，在一些主要领邦内，自由化与社会改革的举措应运而生。构成莱茵邦联的诸国走在前列，紧接着是诞生了施泰因、哈登贝格、沙恩霍斯特、威廉·冯·洪堡等著名政治家的普鲁士。

但是这些改革几乎都被扼杀于萌芽状态。虽然要求法律面前人人平等、取消农民的人身依附关系、实现司法近代化、改革关税租税、改革教育、创设市民军、废除农奴制、实现城市自治、实现商贸自由的呼声很高，可一旦市民要将之写入法律，便会遭到贵族阶层的百般阻挠。市民们连领邦内的改革都无法实现，更不要说作为主力推进德国统一了。这个国家的民族统一是通过诸侯、领主们自上而下的决定与调整才艰难实现的。

其原因在于一系列"新邦联"的重组。1805 年，与拿破仑所率军队开战的奥地利遭到德意志诸多领邦的背叛，铩羽而归。翌年，"神圣罗马帝国"解体，领邦被整顿为 40 余个，其中 16 个领邦结成了以拿破仑为护国主的"莱茵邦联"。但其中大部分是中等规模的领邦，普鲁士、奥地利、不伦瑞克、黑森州皆被排除在外。

同年的耶拿会战中，普鲁士被拿破仑打得溃不成军，签订了《蒂尔希特条约》（1807 年），一半的人口与国土被夺去。与此同时，巨额的战争赔款、拿破仑对英国的大陆封锁令，导致普鲁士经济崩溃，民不聊生。

因拿破仑而觉醒的爱国之心

从 1807 年到 1808 年，哲学家约翰·戈特利布·费希特（Johann Gottlieb Fichte，1762—1814 年）在被拿破仑占领的柏林发表了著名的《对德意志民族的演讲》。他向那些视领邦为祖国的人呼吁道，应领会高尚的德国精神，心怀包容德国全体人民的祖国之爱。

1813 年 10 月，趁着拿破仑远征俄国失利之机，普鲁士、奥地利、俄国、瑞典与英国军队在莱比锡郊外一举击溃了拿破仑的军队。1814 年到 1815 年，为了确定欧洲的新版图，维也纳会议召开。

此时的普鲁士因获得了莱茵河左岸和威斯特法伦而国富兵强，并力图将德国统一为独立的国家联邦，但遭到了奥地利外交大臣梅特涅（1773—1859 年）的反对。1815 年 6 月"德意志邦联"暂时成立，可这只是一个由以奥地利、普鲁士为首的 39 个主权国与城市组成的联合体，并不具备任何实际效力。邦联议会只在普鲁士与奥地利两大国利害一致时发挥作用。

可尽管如此，在一个人民对地区、领邦、城市抱有认同感，却没有整体"德国人意识"的国家中，反对拿破仑的德国解放战争（1813—1814 年）第一次真正唤醒了人民的爱国之心，这是不争的事实。费希特的呼吁终于有了共鸣。

普鲁士引领的统一

德国统一的开端潜藏于意想不到之处，那便是"关税壁垒"。各领邦一面为领土问题争执不休，一面竭力加固自己的体制。为此它们需要去除一切阻碍，力促经济与产业发展。而 39 个德意志领邦各自发行的货币以及施行的关税制度则阻碍了自由的经济活动。由于领邦间的关税壁垒，农作物价格高涨，德国国内的饥荒雪上加霜。甚至同一领邦内也存在着众多税收壁垒。

1818 年，普鲁士公布新关税法以取消国内关税。1834 年，普鲁士联合其他 18 个领邦结成关税同盟，并逐步扩大同盟范围。奥地利等国虽也做过一些抵抗，但到 1842 年，39 个领邦国家中已有 28 个相继加入了"德意志关税同盟"。其后不久，受法国二月革命的影响，要求修改宪法与统一德国的呼声高涨，人们强烈要求取得出版自由、审判自由以及结社权利等等（三月革命）。1848 年 5 月，在各领邦举行的选举中，选出了约 650 名议员。同月 18 日，旨在制定宪法的国民议会于法兰克福的圣保罗教堂召开。

然而，在实际起草宪法时，议会内分裂为保守派与民主主义激进派，宪法制定举步维艰。在法兰克福议会上，"大德意志"派期冀奥地利脱离哈布斯堡帝国而与其他领邦合并，"小德意志"派则渴望建立一个除却奥地利的统一德国诸邦。

1849 年 3 月 27 日，法兰克福议会中的小德意志派获得胜利。议会最终决定将德意志诸国以联邦制统一，确定了帝国宪法，并拥立普鲁士国王为世袭皇帝。可赶赴柏林的议会代表团的提议被国王腓特烈·威廉四世断然拒绝，德国统一宪法也被搁置。

此后，各地的民众起义与抗议活动此起彼伏，但皆遭到旧体制镇压。三月革命的成果丧失过半，各联邦宪法被修改得非常保守。结果到 1850 年，德意志邦联再度恢复。

在这之后德意志邦联持续动荡，难以实现统一。然而，德国作为一个工业国，其经济的腾飞，提高了觉醒于自由主义的市民们的政治自觉性。1861 年，德国进步党成立并迅速成为议会第一党。面对进步主义的势力，1862 年，威廉一世任命的首相兼外交大臣俾斯麦（1815—1898 年）断然推行强权政治，压制自由主义者。

俾斯麦为了转移民众的注意力，发动了志在必得的普丹战争（1864年），迫使丹麦割让了石勒苏益格－荷尔斯泰因，由奥地利与普鲁士两国共

图5-1　普奥战争的讽刺画中被描绘成牧羊人的俾斯麦（右）

同统治。在后来的普奥战争（1866年）中，普鲁士再次取胜，夺取了奥地利统治的荷尔斯泰因。

败北的奥地利不得不离开"德意志"舞台。德意志邦联就此解体，取而代之的是囊括了美因河以北全部德意志领邦国家的北德意志联邦，普鲁士还积极鼓动其他领邦加入。1867年2月12日，北德意志联邦举行了制宪议会的直接选举，俾斯麦当选为首相。

另外，奥地利则形成了奥地利－匈牙利二元君主制。原先设想的南德意志联邦并未结成，巴伐利亚、符腾堡和巴登大公国则与普鲁士缔结了军事协定，加强与普鲁士乃至北德意志联邦的联系。

随后德国以西班牙王位的继承问题为外交策略，挑起与法国的矛盾，普法战争（1870—1871年）开始。俾斯麦击溃了法国的

抵抗，毛奇指挥的闪电战则攻略了原属法国的色当与梅斯。1871年1月28日，巴黎开城，签订停战协定。法国不得不将阿尔萨斯－洛林地区割让给普鲁士，并支付高额的战争赔款。

由于连年征战，德国全域爱国热情高涨，南德意志四国与北德意志诸国缔结了旨在建立"德意志帝国"的条约。1871年1月18日，在巴黎凡尔赛宫中，普鲁士国王威廉一世加冕为德意志帝国皇帝（王位1861—1888年、帝位1871—1888年）。这是一个建立于君主立宪制与联邦制基础之上的帝国。就这样，德国终于实现了统一，被称为德意志第二帝国。

但正如前文所述，这个帝国是联邦诸国中以领君为首的贵族阶层相互妥协的产物，它建立于各君主间的契约之上。德国建国的特点在于缺乏广大的国民阶层的参与，这为其日后埋下了隐患。

山中的温泉疗养地

以普鲁士为代表的德意志诸邦的理念，与法国奉为理想的自由、平等抑或文明、国际协助、民主主义等思想风马不接。在德国，信奉启蒙主义与进化论历史观的市民阶层没有决定性的政治力量。因而自由知识分子阶层与国家之间的关系亦十分疏离，他们的思想并不在政治、历史之中，而是深入到了血缘、大地与自然。"友自然之力，习自然奥义"的理念弥补了启蒙主义未能落地生根的缺憾，成为知识精英们共同的目标。

而将山与水，将大地深处的能量直接传送至人类身体的便是温泉，亦即温泉疗养。当然，温泉自古以来就家喻户晓。自中世纪前半期至其盛期，温泉疗养曾稍见颓势，可中世纪后期以及文艺复兴时期，短途温泉疗养旅行成了欧洲各国贵族与富裕市民的一大乐趣。与此同时，为了让身份较低的市民也能享受到此种乐趣，温泉亦渐渐完善了相应的设施。

有证据表明，德国自13世纪起便已开始使用温泉。起初只有附近居民使用，但到了14世纪，开始有旅客为温泉远道而来。春夏季的温泉旅行成了人们规律性的习惯。自14世纪末起，重新认识温泉的信息日益增多，大量温泉设施被建立在森林、山区等一些远离城市的地方。

此外，伴随着文艺复兴运动，医生与人文主义者以极大的热情撰写各种"温泉论"。意大利人文主义者波焦·布拉乔利尼（1380—1459年）曾在写给友人尼科洛·尼科利的书信中记叙了德国（德语圈国家）的温泉。当时他是教皇秘书，因为康斯坦茨大公会议而来到德意志南部的康斯坦茨。波焦在周边的图书馆寻找古代文献之余，也曾造访如今位于瑞士的温泉（阿尔高州的巴登），他在1416年5月18日的书信中所谈及的便是那时的印象。

图5-2　传说中的浴场图景（老卢卡斯·克拉纳赫作《重返青春之泉》，1546年）

据其书信，那个温泉场所位于群山环绕的溪谷中，设有豪华的客舍、两个位于广场的民用公共浴场以及众多私人浴场。公共浴场用现成的低矮隔板分隔男女，但留有多处开口以方便人们交谈。当时，在温泉场所招待友人、玩纸牌、浮桌用餐、享珍馐饮美酒蔚然成风。

在公共浴场里，不管是妙龄少女还是迟暮妇人都一丝不挂，她们大胆地从男人面前走过，仿佛是高雅的女神，如花神芙罗拉或维斯塔贞女[1]，行为举止纯真无邪。私人浴场则显得清洁干净，男女浴池隔板的较低处也设有数个小窗，人们可以透过小窗一起饮酒、谈话、互动。温泉上方设有围栏，人们可以在那里休憩，

1　维斯塔贞女是古罗马炉灶和家庭女神维斯塔的女祭司，负责守护罗马国家圣火。

观察浴池中的人，也可以相互交谈。

　　虽然也有一些来泡温泉的女性是来治疗不孕症的，但大多数人的目的是放松身心。他们有的夫妇相伴，有的与友人一道，又或只身携仆。甚至有人从 300 多千米外的地方远道而来，就连修士与祭司也乐在其中。在那里，所有口角与恶意、不和与纷争都不可思议地消失了。浴场中赤身裸体的男女亦不令人觉得猥琐下流，唯有一种淳朴自然之感。如上所述，波焦简直将温泉描绘成了"天堂"。

酷爱温泉的歌德

　　在德国，16 世纪的自然学家们纷纷就温泉与矿泉的价值、它们对身体哪个部位的何种病症有效等展开论述，一直到 19 世纪，温泉论、温泉纪行的著作都层出不穷。其中最具代表性的便是约翰·沃尔夫冈·冯·歌德（Johann Wolfgang von Goethe，1749—1832 年）的作品。

图5-3　歌德

　　德国的温泉场所有些在古时候就已经存在了，有些是中世纪或近世的王侯和修道院建立的，形形色色各有不同。而在歌德所处的 18 世纪下半叶到 19 世纪，那些温泉地已经演变成了被自然包围的优雅设施，也是精英们的疗养观光胜地。

歌德在 1785 年至 1823 年间到过波希米亚的温泉场所，包括卡尔斯巴德、弗朗兹巴德、玛丽恩巴德、特普利采、埃格尔，总计 22 次，此外他还在巴特皮尔蒙特、巴特滕施泰特、威斯巴登等地逗留过，并积极促进魏玛附近的巴特贝尔卡（Bad Berka）温泉的设立。歌德自身为治疗丹毒、胃部不适以及心脏病，会定期前往温泉疗养。从歌德给友人的书信中我们可以知晓，有时他也会因为对从政做官感到疲惫，为了放松身心而去。

据说温泉有神奇的力量，有些温泉甚至吸引着欧洲各方人士慕名而来。比如卡尔斯巴德[1]，歌德初到此地时，它已是欧洲热门的温泉胜地。1785 年，他写信告知友人默克："这简直像是图林根的剧场突然被搬到了波希米亚。"

另外还有现属捷克的玛丽恩巴德（图 5-4），时至今日它依旧是欧洲人气鼎盛的温泉度假胜地，其饮泉场所尤为出众。歌德于 73 岁之际恋上了一个在当地结识的 19 岁女孩——乌尔丽克·冯·莱韦措，他的诗歌《玛丽恩巴德悲歌》便是诞生于此次

---

1 现属捷克，位于布拉格西面靠近德国国境的山中。

图5-4　玛丽恩巴德的温泉疗养所

失恋之中，不过这是题外话了。

　　位于莱茵河上游东岸附近的巴登－巴登自古以来便是闻名遐迩的温泉胜地。它由古代罗马人开发，中世纪末至近世初期时开始有王侯贵族们造访，而到18世纪它则作为一个疗养所发展了起来。19世纪初期，一批豪华的宫殿式建筑平地而起。从19世纪到20世纪，著名的政治家、作曲家、小说家、画家们亦频频至此。这个温泉胜地简直成了欧洲的政治家、文化人的外交、社交场所。其为食盐泉，温度颇高，据说对风湿症、神经痛相当有效。

　　德国人的温泉热潮始于中世纪中期，它与异教时代以来人们对水的治愈力，亦即药效的信仰密不可分。自然之水，无论冷水还是温水，都会带来那来自地壳深处，或是湖底矿物泥的珍贵的自然疗效。这样一种"自然的恩惠与人类有机相连，并能使人恢复本初的健康”的观念，在德国比在任何国家都要受重视。

　　歌德在《浮士德》第二部开头处写到，身心俱疲的浮士德躺在繁花遍野、绿草如茵的柔美大地上，接受着盘旋其上的妖精们的治愈。同样，歌德在《亲和力》（1809 年）中，以物质与物质的结合与分离为喻，描述了拉近人与人之间距离的神秘亲和力。就像从石灰石中释放出的酸性气体与水结合便成了矿泉，无私地奉献于健康人士和病人们。

　　基于如上的思考方式，在 19 世纪的德国，不囿于温泉的自然疗法风靡一时，它们现今则以医疗替代、医疗补充之名继续存在着。这不是开方用药，而是基于“让自然所拥有的治愈之力使人体恢复健康”的理念，借助水、土壤、阳光、空气等的作用以及草药、食疗、体操、水浴、呼吸改善、按摩等的功效。在工业化的推进与城市化的发展中，人们斥责远离自然的近代文明为疾病以及精神堕落的根源，而将与近代文明相对立的自然疗法奉若神明。

　　许多知识分子成了自然疗法的推崇者，至 19 世纪末，据说德国已有 100 多家这种采用自然疗法的疗养所。

　　甚至时至今日，德国医学的基础也不是“吞药治疾”，而是“发挥自然治愈之力”。温泉疗养正是实现这种理念的方式，它的功效亦得到了政府的承认，健康保险也早已覆盖温泉疗养，长期居留型温泉设施（kurort）的总数接近 400 家。近年由于财政赤字，补助期限缩短，有时也会无法获保。情况似乎正在逐渐改变。

登山时代

19 世纪的德国，既有盛极一时的温泉疗养，亦处于登山运动大发展时期。当时，资产阶级虽然没有政治实力，但在文化、社会方面的影响力却越来越大，他们对山岳萌生出一种强烈的憧憬之情。

近代以前，人们总对山抱有恐惧感，认为那是恶魔的领域，除非万不得已，不然不会去靠近或攀登。但到了 18 世纪下半叶，由于水晶探索热潮以及猎捕岩羚羊等目的，前往山区的人逐渐增多。与此同时，在自然科学方面，人们亦对山岳萌生出兴趣来，而在此前山岳极少被作为调查研究的对象（参照本章开篇页画）。

无须再次指明，阿尔卑斯山脉是欧洲的高山群，覆盖了法国、瑞士、德国、意大利。攀登高峰成为当时人们的目标，1786 年，人类首次成功登顶海拔 4810 米的勃朗峰。

18 世纪下半叶，人们建造了一些山中小屋向登山者提供床铺、食物以及急救用品。进入 19 世纪后，4000 米级的高山上也接连出现了登山者的身影。一些富裕的英国人组成了大型登山队，并配备了仆从和向导。瑞士的实业家及学者们则在挑战登顶的同时也带有学术目的。地质学家、冰河学家、测量人员、植物学家、画家等跟向导攀登，进行调查研究。

就这样，山岳向导成了一个有利可图的职业，于是从业

图5-5　冰河攀登（1830年）

者更加全力以赴，其数量与日俱增。将准备登山用具、应对落石雪崩的措施、设定路线等全权委托给向导负责的登山家亦开始进入人们视线。此外，甚至还有一些向导被包季雇用。1850年到1865年是攀登阿尔卑斯的顶峰时期，尤其是1859年到1865年间，68座山峰被初次登顶，其征服者主要是英国人。

但是德国人却并不满足于英国人那种依赖他人的登山方式，他们崇尚独立攀登，并追求以登山本身为目的的登山。故而19世纪以后，不带向导的"单独行"作为历练自身体魄的大众运动在德语国家逐渐普及。

1869年，德国登山协会成立（现有会员75万人，是世界上

最大的登山者协会）。第一次世界大战后，德国、奥地利以及意大利的登山者日益增多。在这些国家中，虽然惊险的攀岩运动十分流行，但也有很多人并不执着于登顶，只为享受漫步山间的乐趣。

一直到 20 世纪前后，登山仅是德国上流阶层的运动，比如学者、大学教师、高级中学教师、医生、高级官员、律师，等等。但从第一次世界大战前开始，普通工人也能趁着闲暇去攀登一些无须花费太多时间与金钱的中级山岳（海拔 1000～2000 米）。在第一次世界大战后的魏玛时期，登山热潮亦在市民间兴起。装备、用具的改善以及购买便利性的提高促进了登山运动向更广泛阶层群体的普及。伴随着巨大危险与不可胜数的死亡事故，高山攀登运动成为宣扬"抗争自然、克服困难、挑战高度"的民族主义的一种手段，其成就甚至曾被大众媒体报道。

现今人们已不再背负着国家的名望而登山。很多德国人出于个人兴趣趁休假期间前往德国南部或奥地利的阿尔卑斯山徒步或露营。

铁工业牵引的经济

对于德国来说，19 世纪既是一个政治革命的时代，也是一个经济发展、技术革命的时代。或许亦可以换言之，这是一个"政治倒退萎靡，经济却快速发展"的时代。

如前所述，1834 年德意志关税同盟成立，这个同盟虽不囊括德国全体，但加盟区域内的关税被全数撤销。其后，相关领邦的经济显著发展，制铁业步入正轨，建造了一批锻造工厂、铸铁工厂以及精炼炉。同时随着纺织工厂的建立，纺织工业亦步入发展之途。这些机械工业在英国业已发展得规模宏大且技术先进，相较之下德国的规模则显得甚为微小。但由于拿破仑的大陆封锁战略，德国无法再依赖英国，这便刺激了其工业的发展。

工业发展迎来了实质性局面，1853 年关税同盟延长，奥地利趁此机会表示希望加入，可遭到了普鲁士的拒绝。德意志帝国成立后，统一货币、确立金本位制度、设立中央银行、制定专利法等一系列措施的实施，促进了经济的统一。从 1890 年到 1914 年，经济持续发展，德国逐渐蜕变为一个工业国家。

由于德国工业化起步比英国晚得多，它便越过了纺织等轻工业，一开始就以钢铁以及铁路相关产业（重工业与机械工业）为主体产业。当然，在麻、羊毛、丝，尤其是棉等纺织产业方面，德国亦采用织机，实现了一定程度的发展。

德国的铁工业发祥于其东南部的上西里西亚。直到 19 世纪中叶，巴伐利亚王国的莱茵－普法尔茨、萨尔地区、莱茵河中游的支流沿岸、拿骚的拉恩－迪尔河地区、绍尔兰地区、西格兰、艾费尔高原、哈茨山地、图林根森林、厄尔士山脉等地，都散布着许多小规模制铁厂。其铁工业正是在那些尽享"森林、山岳、河流"恩惠的土地上发展起来的。

1835 年 12 月，一条连接巴伐利亚的纽伦堡与菲尔特，全长 6000 米的铁路修建完工，这是铁路铺设的伊始。到了 1870 年，铁路已有 25000 千米长。虽然德国的铁路建设远落后于法国、英国，但它一步步发展前进着。可以说，铁路日益取代了此前的河流，成了联结各分立领邦，构筑一大交通网络的伟大工具。它以快捷的商品、产品运输，将供给方与需求方紧密相连，扩大了市场。

除了铁路建设与制造火车机车、货车对铁的需求外，作为能源的煤炭需求也与日俱增。可以说如果没有煤田，就没有德国的近代工业，甚至欧洲的近代工业都不会诞生。正因为有了煤炭，才能加热高炉，驱动机车以及蒸汽机。

由于煤炭十分沉重，运输极为不便，人们便就地建造工场。1848 年，德国有 6 个大煤田，分别位于亚琛周边、下莱茵、萨尔地区、萨克森、上西里西亚、下西里西亚，591 个煤矿点上有 35502 个工人，总计开采煤炭 4383566 吨。而到了 1864 年，煤矿点、工人数以及开采量都分别激增至 670 个、99141 人、

19408532 吨。此外，德国褐煤储量也相当可观。

鲁尔地区的重工业发展

莱茵河下游右岸埋藏着丰富的煤炭与铁矿资源。借助莱茵河便捷的水运，这个地带逐渐成为欧洲最大的工业地带。人们取汇入莱茵河的鲁尔河之名，称之为鲁尔工业区。这是一片位于煤井上方，宽 30 千米、长 100 千米的工业区。

19 世纪初，这里不过是一个贫穷的农村，没有任何大城镇。然而 19 世纪中叶，工业革命之后，人们引入了用此地开采出来的煤炭（不是木炭）来精炼附近出产的铁矿石的方法，由此鲁尔地区突飞猛进地发展起来。

自从蒸汽机发明后，采煤技术的进步亦是一日千里。大量劳动力从各地汇集于此，企业也纷纷转移至此。至于工业用水，莱

图5-6　鲁尔河与工业区（1866年）

茵河及其支流的供给绰绰有余。

从 1834 年到 1847 年，普鲁士的高炉炼铁产量从 13.45 万吨增加到了 22.9 万吨，西里西亚与莱茵兰的矿山业欣欣向荣。而拥有鲁尔地区的莱茵兰则无论在技术、资本或位置层面，都日渐成为近代矿业中心。

19 世纪 50 年代以后，由于炼铁的需要，鲁尔地区的高炉建设进一步发展，生铁消耗量大幅上升。同时，伴随着铁路建设与机械制造的发展，铁制品的需求急剧增加，使鲁尔地区在 19 世纪实现了飞跃性发展。1911 年，鲁尔地区独占鳌头，生产了德国关税领域三分之一以上的生铁以及二分之一以上的钢。

20 世纪初，钢铁工业用煤量越来越大，1909 年超过了 1500 万吨，约占鲁尔地区煤炭开采总量的十分之三。以煤炭产地为中心，德国的工业与经济蒸蒸日上。

鲁尔地区傲视其他煤田而立于不败之地的原因在于它拥有莱茵河及鲁尔河，又充分运用铁路使煤炭得以销往四面八方。鲁尔地区的产煤量为 1850 年 166.5 万吨、1860 年 427.6 万吨、1870 年 1157.1 万吨、1880 年 2236.4 万吨、1890 年 3551.7 万吨、1900 年 6011.9 万吨、1910 年 8908.9 万吨，真可谓是日新月盛。

图5-7 机车工厂（1855年）

延续至今的"德国制造"

就这样，19世纪中叶以后，德国的机械工业发展迅猛，大规模的机械工厂在各地纷纷涌现。其后，机械工业逐渐多样化，产品种类也与日俱增。20世纪初其品种已数不胜数，自行车、摩托车、汽车、电力机车、缝纫机、打字机等新产品层出不穷。

时至今日，机械制造依旧是德国经济的顶梁柱，其中有多达四分之三的产品出口到世界各地。提起德国的代表性产品，汽车（曾经的戴姆勒－奔驰股份公司、保时捷）自不待言，我们还能联想到整体厨房、咖啡机，抑或一些更为小巧的器具与金属制品，它们都结实耐久且具实用性。

此外，奥格斯堡的铁、银、铜手工艺品与莱茵兰的索林根的秉承了中世纪以来传统的刀具都十分有名。与索林根同属北莱茵－威斯特法伦州的雷姆沙伊德的钢制品与施托尔贝格的黄铜制品亦是自古以来遐迩闻名。

值得一提的是，占据全球大半市场份额的众多机器制造公司（例如自动封入、封装系统），多数是行外人闻所未闻的中小型企业（Mittelstand），这是德国的特色。即便是大型垄断企业，亦立足当地，十分重视手工艺者的技艺。

地方分权的传统得到充分利用，产品精密耐用而值得依赖，这便是所谓的"德国制造"。

经久不衰的河流运输

此前我已叙述过，在唯有北面临海的德国，纵横奔腾的大河所造就的河流运输自古代、中世纪以来就十分重要。而到了 19 世纪，拖航业的近代化与体系化亦引人关注。即便当时已有铁路，但运输煤炭、铁矿石、谷物等分量重、体积大的物品时，依旧是河流更为便利。

为运输这类重物，1841 年科隆蒸汽拖船公司成立。1850 年前后，加上其他公司所拥有的船只，总计有蒸汽拖船 25 艘、铁制货船 192 艘、木制货船 400 艘、帆船 61 艘航行于莱茵河上，往来运输大量货物。出于同样的理由，易北河、美因河、埃姆斯河、摩泽尔河、鲁尔河、利珀河、萨勒河、奥得河中的蒸汽船也逐渐增多。

20世纪初，河流水运更加活跃，大型装载船舶不断增加。比如钢铁制船舶的载重量为3500吨，相当于250辆货车的载重量。

1908年，德意志帝国内可航行的内陆水运全长为15269297千米。其中单纯的河流有8667320千米，其余皆为运河化了的河流或是内陆湖内的水路或是运河。

进入20世纪后，被称为莱茵－美因地区的上莱茵北部地区，由于便利的水运，工业用水丰富，加上劳动力充足，逐渐发展成为德国最大的工业区。加之20世纪20年代为了大型船舶的通航，人们对注入莱茵河的美因河、内卡河进行了修整，尔后煤炭或一些初级原材料的运输便也畅通无阻了。

此地不同于鲁尔地区，虽没有地下资源，但却有着世界上最大的综合化工厂BASF[1]、同为化工厂（尤其是焦油染色工业）的赫斯特公司，以及位于吕瑟尔斯海姆的欧宝汽车工厂等知名企业。可以说是河流成就了它们。

此外，前述的鲁尔工业地带位于现在的北莱茵－威斯特法伦州，其州首府是处于莱茵河下游的杜塞尔多夫。这里汇集了制铁、化学、机械、金属加工等主要企业，其产量占德国总产量的

1　中文名为巴斯夫，缩写BASF来自其以前的全名"Badische Anilin-und-Soda-Fabrik"（巴登苯胺苏打厂）。

大半，不得不说这多亏了莱茵河的恩惠。

如前章所述，德国与法国、英国不同，始终未能完成以王权为轴心的统一，进入近代后中世纪的领邦分裂再次被制度化。而在这一时期，将初期近代的"德国"统一起来的除了河流，除了水，再无其他可能。

共同的自然观、根源性自然与人类的深厚联系透过漫长的历史长河渐渐渗入德国人民的心中，与德语一起在无形之中将他们一体化，这或许是一个不可辩驳的事实。但说到底这只是精神的一体性，并不能统一社会、政治与经济。与此相对，河流则将具体的城镇与城镇、地区与地区相联结，促成经济上的交流。谋求关税的撤销与赢得自由通行的保障，是为了将德国的河网物尽其用。

父亲河莱茵河

德国境内有着众多浩浩荡荡的大河，与日本的河流截然不同。除了莱茵河、多瑙河外，还有易北河、摩泽尔河等。它们宛若大动脉一般，运输着载有大量货物的船只。这些河流不是向中央集聚，而是联结地区与地区，将全国联结为一个整体。

1992 年，一个萌发于古代的宏大规划终于实现了 —— 贯通莱茵河、美因河与多瑙河，结成一张北起北海、南抵黑海的水运网。

接下来就让我们分别了解一下德国的三大河流 —— 莱茵河、多瑙河、易北河。首先是莱茵河。

莱茵河自北向南贯穿德国西部。对于德国人来说，它是历史上最重要的河流之一。莱茵河全长1230千米，发源于瑞士境内的阿尔卑斯山区，沿瑞士、奥地利国境北上，流入博登湖后，自湖西而出，急流西行，继而右折一路北上。这条大河流经多条运河，与罗讷河、马恩河、埃姆斯河、威悉河、易北河相贯通。

时至今日，莱茵河上仍有约6万艘船往来不休，据说它是世界上交通最繁忙的内陆河流。莱茵河运输着沉重的煤炭、矿石、建筑材料以及石油等，支撑着德国的物资流通。可以说，没有莱

图5-8　莱茵河与山城（1895年）

茵河就没有德国（与荷兰）的工商业。

莱茵河因其重要的历史地位，被人们唤作"父亲河"，是德国人的心灵故乡。自中世纪以来，莱茵河谷的居民间流传着成千上万个传说，将这一思想绵延至今。其中，一个名为克里斯多福的耿直大力士形象深受人们喜爱，他因驮负耶稣过河之举而广受赞誉，并被描绘入画，雕刻成像，传颂至今。

在德国的浪漫主义文学运动中，莱茵河被颂扬的次数不胜枚举。首先，弗里德里希·荷尔德林在其1801年的长诗《莱茵河》中赞颂了这条大河，同年弗朗兹·布伦塔诺在虚构诗《罗蕾莱》中吟咏了少女罗蕾莱从莱茵河畔的岩壁上纵身投河的悲剧，后来的诗人、画家、作曲家亦源源不断地从莱茵河中获得灵感。1805年，弗里德里希·施莱格尔在《荷兰、莱茵河流域、瑞士和法国部分地区的游览书札》中赞美了莱茵河的美丽景致与伟大历史的协调，他的叙事诗《沉没之城》（1807年）亦涉及了这条大河。

其后，由于反抗法国的解放战争，兼具爱国主义与政治性的莱茵抒情诗层出不穷，并被传唱。其中格外著名的是海因里希·海涅的《罗蕾莱》（1824年）。

多瑙河与易北河

接下来是多瑙河。这条大河全长 2857 千米，沿途流经十余个国家，奥地利、匈牙利都将它视为本国河流珍爱无比。多瑙河发源于德国的黑森林地区，汇集了德国境内阿尔卑斯山脉的众多支流，它在森林中形成美丽的溪谷，并横穿巴伐利亚地区。

与激流滚滚、具有男性气概的莱茵河不同，被唤作"母亲多瑙河"的这条大河水流平缓宁静，是多民族共存融合的象征。有时人们也会将莱茵河与多瑙河相对立，认为莱茵河才是德国的象征，多瑙河则是哈布斯堡帝国奥地利的象征。

而在小约翰·施特劳斯（1825—1899 年）的圆舞曲《蓝色多瑙河》（1867 年）的合唱版中，莱茵河被称作多瑙河的兄弟，可以说这两条河流正象征着两国的勠力同心。而这两条大河在博登湖附近确实有过交汇。

多瑙河以南是阿尔卑斯山麓，这块广大的绿野是德国首屈一指的粮仓。从阿尔卑斯山流下的数条支流，使肥沃的泥沙沉积在此。田间种植着大麦与小麦，与之相邻的还有德国最大的啤酒花种植地 —— 哈拉道（Hallertau）。大麦、啤酒花以及从阿尔卑斯山顺流而下的天然泉水，自然使此地的啤酒酿造业十分兴盛。

另外，多瑙河流域是一块天主教信仰笃深的土地，许是因此，当地留存着众多巴洛克风格的教堂，这亦是其特征之一。

图5-9　啤酒酿造

　　最后，让我们对易北河也作一番了解。易北河发源于捷克与波兰国境附近的克尔科诺谢山，全长 1165 千米，是一条贯穿捷克与德国的大河。它自德国与捷克国境的厄尔士山脉一路向北，穿过北德国平原注入北海。众多运河将易北河与其他河流相连，成为内陆交通要道。在古时易北河是德国与外部（斯拉夫）的界线，而如今它则成了德国东西两边的分界线。

　　易北河在汉堡附近汇入北海，故自汉萨城市同盟时代以来它便是大量物资往来的重要通道，并通过许多支流和运河与内陆重要城市相连。但由于河流沿岸的领邦各自设定了诸多关税，导致税金占了物资成本的一半以上。虽然 1815 年的维也纳会议已提出河流航行自由的要求，但其完全实施则到了 1870 年。

　　同莱茵河、多瑙河一样，因为城市污水与工业废水，易北河也面临着严重的水质污染问题。虽然如此，但其中游地区还残存着人类未曾染指的自然，现为欧洲最大的自然保护区之一。那里不仅生长着各种植物，还是水禽、河狸、水獭等动物的栖息地，并被列为"联合国生物圈保护区"而受到保护。

河流中的自然变迁

河流就这样一直在物质与精神方面支撑着德国（人）。实际上，自18世纪中叶到20世纪，在以河流为代表的德国水域范围内，曾有过一次大规模工程，完全改变了其水域面貌。我希望大家能对此有所了解。

人们在蜿蜒曲折与分流湍急的河边修筑堤坝使其直线快流，清除河流中的砂石沉积与沙洲令河运畅行无阻，又在溪谷中修建大坝以调节洪水、灌溉田地及发电，此外还挖掘运河连接河流以扩大水运网。而池塘、湖泊、湿地、沼泽、泥炭沼则多数被围垦或是填埋成了耕地。改造自然以服务人类的行为自中世纪便已有之，而进入近代之后，其规模与速度都翻了一番。

前章提到的普鲁士开明专制君主腓特烈二世曾大举开凿运河以连通易北河与奥得河，并围垦奥得河以东的湿地以及沼泽，他比同时代的任何人都积极地改造自然，除河流等水域，山岳、森林，甚至草原都在其改造范围内。我也曾听闻"德国的景观是德国人的心灵故乡，绝不能被人为改造，它保持着日耳曼故乡的原貌，被人们爱护至今"这样的话，但为了生活的便利与产业的发展，德国的自然确实也存在着被彻底改造的一面。

此外，批判此种改变的口号"保护景观之美"，其中也是指人所认为的"美"，仍旧是以人为中心的思考方式，这是不争的事实。而对于同样将自然改造至今的日本来说，这亦是必须铭记于心的事实。

崇尚自然的德国浪漫主义文学

我在此前已阐述过，对于德国，文艺复兴的理性主义与人文主义的影响微乎其微，甚至启蒙主义也几乎未曾留下什么痕迹。纵观 18 世纪到 19 世纪的艺术与思潮，反倒是追求与自然紧密联系的浪漫主义十分盛行。

从 18 世纪末到 19 世纪上半叶的德国浪漫主义是早前 18 世纪 60 年代末到 80 年代中期开展的新文学运动 ——"狂飙突进运动"（Sturm und Drang）的延续。狂飙突进运动反对启蒙主义，重视自然与情感生活，歌颂人类激情、想象力以及个人的伟大。其主要表现形式为散文与戏剧，初期代表人物有歌德、席勒，除此之外还有莱泽维茨、瓦格纳、伦茨等人。

继承了上述思想并将之深化的便是浪漫主义。其中以诺瓦利斯的《海因里希·冯·奥弗特丁根（蓝花）》（1802 年）为代表，取材自矿山的作品亦不计其数。

在《蓝花》中，主人公海因里希通过旅行实现自己内心的成长，与地道里老矿夫的交谈以及与身居洞穴的隐者的相遇是其重要主题，人的内心世界与自然，特别是与大地之下的世界就这样奇幻地产生交流。据说在 1797 年 12 月到 1799 年 5 月，诺瓦利斯曾在弗赖贝格矿山学校就读，需要每天下到矿坑里。

恩斯特·特奥多尔·威廉·霍夫曼曾写过一部短篇小说，名为《法伦矿山》（1819 年）。该小说以阴森的笔致逼真地描绘了一个充满幻想与欲望的地下世界。主人公是矿夫埃利斯，他看到了一个 100 多年前因塌方事故而丧生的矿夫亡灵，自此他眼前便总是出现充满情色而又不可思议的幻象。而后埃利斯为了给新婚妻子一份礼物，在婚礼当日深入地底去寻找宝石，可塌方再度发生，埃利斯一去不返。50 年后，埃利斯的妻子纵身投向丈夫已变为化石的遗体之上自尽而死，其夫的遗体也随之化为灰烬。

浪漫主义频频提及中世纪的十字军、神秘主义、骑士精神及哥特式建筑，对远方的土地与遥远的过去抱有强烈的兴趣。与此同时，神秘的"自然"亦是其灵感之源。刚才我所列举的矿山便是其中之一，更常登场的则有想象中的幽暗森林、岩石遍布的峡谷、山体斜面的原野、断崖或洞穴等。除了诺瓦利斯、霍夫曼之外，还有路德维希·蒂克、约瑟夫·冯·艾兴多夫等作家与诗人，他们在赞美日耳曼神话的同时，以精湛的笔触描绘梦中的森林与山岳。

这个时代的浪漫主义文学中所掀起的自然热潮与格林兄弟（兄雅各布，1785—1863 年；弟威廉，1786—1859 年）的活跃并非毫无关系。他们因收录有《白雪公主》《小红帽》等作品的《格林童话》[1] 而家喻户晓。正是因为格林兄弟将意象纷呈的《民间故事之森》收集整理，这些传说才能流传至今，持续魅惑着古代日耳曼人和近代德国人。

在《格林童话》中频繁出现的森林既是日常世界的一部分，又与异界相通。应该说它本身就是妖精、女巫、巨人以及奇异动物们所栖居的异界。这是生与死矛盾共存的空间，它在给予慈悲与恩惠的同时，又是一个恐怖的存在。在《格林童话》的 201 篇目中，有森林出现的多达 84 篇。1816 年，格林兄弟出版了《德国传说集》，其第一版共计 579 篇传说故事，其中有森林出现的有 118 篇。

格林兄弟心中有这样一个理念：挖掘基督教之前的自然信仰、树木信仰与各种古老习俗所孕育的"德国性"，并使之重焕

---

1 1812 年，原名为《献给孩子和家庭的童话集》。——原书注

生机。在他们汇编的童话传说中，巨人、小人、森林族、苔藓族[1]一一登场。

格林兄弟并非要召唤出存在于世界外部的理念或超越之神，在他们的观念中，理想化的"自然"是人道德的源泉，是社会的基础。此间，人的精神与自然世界情感相通、心意相连，通过与自然的一体化，人能够再度恢复生命力，消除所有疾病。德国人始终未能在古典时代（希腊、罗马）文化或充满荣光的基督教王国中找到认同感，而这个"自然"兴许是他们唯一能信任依赖的。

浪漫主义的上述思想在 19 世纪乃至 20 世纪的德国文学中都留下了浓墨重彩的印记。一如前章所提及的，19 世纪的法国文学在"自然主义""写实主义"的大旗之下产生了以巴尔扎克、左拉等为代表而创作的一系列尖锐指刺社会问题的作品，而同时期的德国文学却消极地逃避社会转向自然，众人皆以各自的旋律歌颂自然，其中流淌着一种静谧的达观。

诗人弗里德里希·荷尔德林受歌德影响，在其作品《归乡》（1801—1804 年）中赞颂了阿尔卑斯雄伟壮丽的群山、清冽的河流与瀑布。阿达尔贝特·施蒂弗特（1805—1868 年）的《水晶》

1　居住于杂木林与荒野的昏暗之所或是地下洞穴的小人，全身覆盖苔藓，以绿色苔藓为窝。——原书注

则讲述了圣诞之夜，一对在山中遭遇暴风雪的幼年兄妹避难于冰河下的岩石丛中等待救援的故事。这个作家以浸润着清洁空气的静谧荒野、流淌着洁净无垢之水的美丽森林等为舞台，创作了许多颂扬无邪纯洁的作品。

其他能联想到的还有瑞士的医生兼植物学家阿尔布雷希特·冯·哈勒（Albrecht von Haller）的诗集《阿尔卑斯》（1729年），同属瑞士的诗人 萨洛蒙·格斯纳（Salomon Gessner，1730—1788 年）、德国女诗人阿内特·冯·德罗斯特－许尔斯霍夫（Annette von Droste-Hülshoff）的自然诗等。在德国有着一个或可称作"山林文学"的领域，其作品举之不尽，列之无穷。

山岳绘画与有机体思想

接着让我们关注同样偏爱描画自然的德国绘画。最具代表性的要数活跃于 19 世纪上半叶的风景画家卡斯帕·大卫·弗里德里希（Caspar David Friedrich，1774—1840 年）。他喜爱描绘草原、海滨以及山岳。而在他之前，出生于瑞士北部的卡斯帕·沃尔夫（Caspar Wolf，1735—1783 年）亦画了 200 余幅与众不同的阿尔卑斯山。此外还有出生于蒂罗尔地区的约瑟夫·安东·科赫（Joseph Anton Koch），以及其他许多与弗里德里希同时代的，为山岳的魅力所折服的画家、版画家。

他们绘仿佛拒人于千里之外的耸立高山、屹立不倒的巨大岩石、浮现于山丘背后云海中的群山、峡谷或瀑布、壮阔的冰川以及蔚为奇观的洞窟，每幅画都充满静谧、庄严又崇高的氛围。

另外，在音乐世界中则有理查德·施特劳斯的《阿尔卑斯交响曲》（1915 年），其以音乐形式表现了攀登阿尔卑斯山之状。这部作品分为 20 个部分，每个部分都有各自的标题，对应着 20 个登山阶段（现在则通常分为 22 个场景）。

在 19 世纪的德国，"登山是精神的体验，人类会随着攀登而变高贵，最终抵达真实"的理念被广为信奉。据说一旦立于山巅，远远俯瞰尚沉没于幽暗之中的城镇与田园时，便会涌现出一种"再也不想回到污秽下界"之感。随着登山作为这样一种精神体验而蔚然成风，山岳亦作为一个审美对象受到人们的关注，想必由此山岳便成了文学与美术的重要主题。

约翰·戈特弗里德·赫尔德（Johann Gottfried Herder，1744—1803 年）是活跃于 18 世纪下半叶的德国思想家。他反对启蒙主义的理念，认为只有通过自然才能抵达真正的人性，并且主张世上存在的所有文化都有同等的权利，它们是由民族性格与民族所活跃于的自然条件相互作用决定的，即文化的多样性是与自然的多样性相呼应的。

这是一种相信自然统一性，相信人类与自然的内在联系的有机体思想。这种思想与前述的自然疗法的流行息息相关，遵循了"生命并非单一个体人类的生命，是有机、不可分割、与自然融为一体"的生命观。

18世纪末到19世纪中叶的思想家与科学家都持有独特的有机体自然观，这种自然观念囊括人类之生命又凌驾其上。同时，人们认为人类只有通过这种大自然的伟大潜力才能走向未来，渺小的人类世界与深远而崇高的自然形成鲜明对比。最具代表性的是哲学家弗里德里希·威廉姆·约瑟夫·谢林（Friedrich Wilhelm Joseph Schelling）的自然哲学。

综上，我认为在18世纪至19世纪的文学家、画家、哲学家与民间传承中，"德国自然观"一脉相承。

第六章

自然崇拜的明暗

柏林的徒步旅行活动（1930年）

普鲁士在 1870 年至 1871 年的普法战争中击败法国之后，南德意志四国（巴伐利亚、符腾堡、巴登、黑森－达姆施塔特）随即加入北德意志联邦，改国名为"德意志帝国"，国王威廉一世加冕为帝，帝国由此统一。

那么统一之后，德国的政治与制度又是如何演变的呢？俾斯麦是使普鲁士走上强盛，领导德国实现统一的核心人物，在其后的 19 年中，俾斯麦作为国家宰相统领着政治的走向。然而在他下台后，德国却一步步陷入了大战的悲剧之中。

从俾斯麦退场到威廉二世亲政

普鲁士是作为一个军国主义国家发展起来的，因而在军队、各行各业或组织中都有着严苛的纪律。全国国民如同置身工厂一般，受到机械化的管控。中产阶级夹在贵族、官僚与工人之间，未能采取任何颠覆统治秩序的大胆行动。这便是 1848 年 3 月"革命"的失败之由。1871 年成立的以普鲁士为中心的德意志帝国，其统一是通过三次战争实现的，故而军队的威信进一步上升。

在社会上，担任军队将校的贵族们普遍受到尊敬，他们以精英自居，走路耀武扬威。产业化亦是由军人贵族、宫廷贵族领导，而不是由资产阶级企业家、资本家推动的。虽说市民阶层逐渐崛起，但那些通过士官候补生考试的人，他们模仿军人贵族的态度与规范，亦渐呈贵族化。若名誉受损必决斗，这样一种名誉第一的思考方式也蔓延于市民之间，甚至成为德国人行为方式的传统。

俾斯麦曾为了本国利益而屡屡发动战争，但实现统一之后，他不再热衷于战争，转而重视欧洲的势力均衡与协调合作，力图在这种平衡之中实现德意志帝国的稳定发展。

然而，许是因为这位宰相体内流淌着容克之血，他在国内奉行高压的贵族主义，丝毫不接受民主主义。他完全不把以资产阶级为主角的议会制民族国家放在眼中，将反对自身政策之人都视为帝国的敌人。随着工业化发展，工人阶层人数激增，且已成为一股不容忽视的势力，可俾斯麦却对他们的呼声充耳不闻。不仅如此，他还制定了《社会党人法》（1878年10月）以镇压他们组织的工人运动，并于1878年到1890年对社会主义运动实施了镇压。

但俾斯麦遭到了非常强烈的反抗，拥护工人的运动蓬勃开展。俾斯麦慌了神，改为怀柔政策，制定了一些社会保障法令，可这并未挽回民心。1889年，在埃森与盖尔森基兴，多达14万名矿工举行了罢工。

德国因此面临能源危机。俾斯麦企图借此镇压社会主义者，但这个应对却是一个错误之举。1890年，他终于被皇帝威廉二世

（1888—1918 年在位）责令辞职。

着手亲政的威廉二世气量小，还频频失言，他虽然极力推进扩张的世界政策，但进展并不顺利。威廉二世手下的宰相也很难管理由保守派与市民派组成的联合政府，难以果断地将政策贯彻到底。且作为最大政党的社会民主党无法参与制定政策，这阻碍了反映大众呼声的政治实践。

在此期间，欧洲各国争权夺利，矛盾冲突不断。在德国，威廉二世采取了旨在向东方扩张的 3B 政策，以从柏林经由拜占庭连接巴格达的铁路铺设事业为中心，竭力获取各项权力。从中感到威胁的英国被迫改变策略，于 1907 年同法国、俄罗斯帝国结成了三国协约以对抗德国、奥地利、意大利的三国同盟（1882 年）。

此时，德国一面牵制法国入侵摩洛哥，一面将其诉诸国际会议，意欲对法国借题发挥。可英国、俄国、意大利却支持法国，美国的罗斯福亦袒护法国，因而会议通过了对法国有利的妥协政策。会议暂时避免了决定性冲突，却在摩洛哥埋下了日后的战争火种。

第一次世界大战的爆发与魏玛体制

然而，离德国较近的巴尔干诸国的形势却更为严峻。由于俄国对泛斯拉夫运动的支援，奥匈帝国的安定岌岌可危，于是奥匈帝国便暂且与曾反目为敌的德国改善了关系，并于 1908 年吞并了波斯尼亚和黑塞哥维那。1914 年 6 月 28 日，奥匈帝国皇储在其吞并的波斯尼亚首都萨拉热窝被一个塞尔维亚青年暗杀，由此引发了一场大规模的战争。这就是给欧洲带来巨大灾难的第一次世界大战。

德国计划速战速决，向法国发动了进攻。可战况并不尽如人意，德军在马恩河战役中败北。同盟军奥匈帝国军队亦被俄国打得一败涂地，在无能的皇帝与宰相的领导之下，军队最高统帅部肆意妄为地推进作战。战争的主要舞台从陆地转移到了海洋，德国以 U 型潜艇发动所谓的潜艇队攻击后，美国也加入了战争。

1918 年 11 月 11 日，战争以德国的失败而告终。人们对君主制丧失了信心，再无人愿意去捍卫它。威廉二世退位后，德国帝国很快便土崩瓦解，并迅速变为共和制。由于其国民议会设在魏玛，遂被称为魏玛共和国。另外，战后奥地利与捷克、匈牙利、意大利等盟友分裂，变成了以德国人为主体的奥地利共和国。

德国陷入了无可挽回的疲惫与衰弱之中。在历经了工人士兵代表会的革命后，1919 年 1 月选举产生的国民议会上，成立了由社会民主党（SPD）、中央党（Zentrum）、民主党（DDP）三党联合执政的政府。随后便通过了奠定典型议会制民主主义体制基础、具有划时代意义的《魏玛宪法》。这部宪法后来对其他国家产生了重大影响。

根据《凡尔赛条约》，德国失去了所有的海外殖民地以及13%的本国国土，并被要求支付巨额战争赔款（1320亿金马克），举国上下苦不堪言。右翼政党煽动说，这份屈辱的和平条约的全部责任，皆在于共和国以及统领共和国的社会民主主义政权。此举取得了成功，国内政治日益动荡。

就这样，德国人民不再认为魏玛体制，即基于西欧模式政治人道主义的民主制（国民通过直接选举选出大总统，议会选举是男女平等参与的普通选举，国民可以直接提议立法）是正当的。并且在议会上，中央党与社会民主党都没有独到的国家理念，可他们却无视国民意愿，高举国际目标。很多人都开始对其心生怀疑。

在漫长的历史中，"理应服从立于国家之巅的伟大掌权者的命令"这个观念在德国始终根深蒂固。或许对于这样的德国来说，民主制特有的选举制度、政党联合执政或是理性化机械化机制都还为时尚早。即便德国突然摇身一变成了魏玛共和国，向众人说"设立议会制，皇帝已不存在"，但议会中政党间的互相争论、协商、妥协，只令人觉得白白浪费了大量时间，这种谁都不承担责任的政治形态很快遭到了厌弃。人们需要的是自信而负责，具有决断力并下达命令的强力帝王。

与此同时，收复《凡尔赛条约》中割让的领土，让帝国重生的想法在这个以自然为生活基础的民族中愈演愈烈。为颠覆魏玛体制，构建崭新的政治形态，具备赫尔德式有机思想的民族理念在国家体制与立宪政治的动荡之中、在信仰与传统的分裂之中渐渐抬头。而过去的官吏、法官以及军队统帅保存实力苟延残喘至今，这也鼓励了这种打倒民主制度的民族情绪。

随后，前军队官兵发动卡普政变（1920 年 3 月）、魏玛政府与苏维埃俄国签订提议相互放弃赔款的《拉帕洛条约》（1922 年 4 月）、法国占领鲁尔地区（1923 年 1 月），一系列事件接踵而至。通货膨胀愈加严峻，社会不安情绪加剧。

希特勒与第二次世界大战

在上述形势下上台的便是希特勒。1921 年起，他就作为民族社会主义德意志工人党（纳粹党）的党魁主张废除《凡尔赛条约》，高唱反犹太主义。1923 年 11 月，希特勒企图在慕尼黑夺取政权未遂，被投入监狱。其后，德国进入了短暂的经济恢复与安定时期，加之签订《洛迦诺公约》（1925 年）、加入国际联盟（1926 年）等事件，似乎暂时得到了国际上的认可。

然而，1929 年开始的大萧条亦殃及了德国，美国中止了对德国的资金借贷。在大量失业与贫困带来的慌乱中，以希特勒为首的纳粹党趁机扩大了其势力范围。

不幸的是，在与战胜国达成和解中起主导作用的杰出宰相施特雷泽曼亦于当年去世。1932年，希特勒的政党一跃成为第一大党，翌年他便担任总理。希特勒因成功地重振经济而广受拥戴，但他禁止异党，镇压工会，德国国内的基本人权也几乎等同于无。

希特勒兼任总理与总统，独揽大权，并取得了军队的最高统帅权，获得了国防军的支持。冲锋队（SA）、党卫军（SS）等相继成立。1933年10月，德国退出国际联盟；1935年1月，收复国际联盟管辖的萨尔地区；同年3月复活征兵制；1936年3月，撕毁《洛迦诺公约》进驻莱茵兰；1938年10月，吞并奥地利与捷克、波兰国境沿线的山地苏台德地区，同时与奥地利合并；1939年3月，入侵捷克斯洛伐克；同年9月，入侵波兰。德国的一连串举动最终引发了第二次世界大战。这场大战持续了五年半，其中5500万人丧失了生命，欧洲荒废已极。

而在德国国内，希特勒开展了更为残酷的暴行，那便是对犹太人的迫害与大屠杀。1935年9月制定的《纽伦堡种族法》有两条法令：其一是《帝国公民权法》，该法令规定只有德国人及其近亲才享有公民权与完全参政权（犹太人的公民权被剥夺）；其二为《保护德国血统和德国荣誉法》，该法令禁止德国人及其近亲与犹太人私通，禁止犹太人雇用 45 岁以下的雅利安女佣。

此后数年间，纳粹将大量犹太人强制迁往国外定居，并没收了他们的全部财产。1941 年 6 月苏德战争爆发后，强制移民政策破产，于是纳粹着手执行"犹太人问题的最终解决方案"。他们逮捕犹太人并将其送到强制收容所，以"解决"为目标，将他们关进毒气室等地屠戮。整个欧洲惨遭杀害的犹太人总数高达 600万人。

热衷于徒步旅行的青年

那么，纳粹德国理想中的"德国人"究竟是什么样的人种，什么样的民族呢？

答案是"金发碧眼，身材高挑，继承着自古以来不掺杂质的纯正血统的健康人种"，即雅利安人。其中，青年作为肩负着德国下一个时代重任的一代，尤为纳粹所重视。

1926 年，一个名为"希特勒青年团"的组织成立了。这是一个全德国 14 至 18 岁的青年都可以加入（1936 年后，每个符合条件的青年都必须加入）的组织，隶属于纳粹党卫军。为了成为健康的士兵，青年们会参加体育运动、军事训练、社会服务活动、野营等一系列活动。此外也有 10 至 14 岁的少年团及女子部，他们在纳粹管理的机构内接受"像德国人一样思考和行动"的教育。

　　希特勒青年团除进行秩序井然的军事训练外，还非常重视野外露营，这不禁让我联想到了其与"徒步旅行"之间的关联。实际上，从纳粹时代的希特勒青年团组织吸收了徒步旅行这一事情上，我们也能发觉其连续性。

　　那么徒步旅行究竟是一种怎样的运动呢？它在 19 世纪末到 20 世纪初起源于柏林，随后扩散到德国各地，以培育身心健康的青年与宣扬爱国主义为目标，于 1901 年正式成立组织。青年们贴近自然，在森林与村庄中进行一天或是半天的集体徒步旅行，偶尔也会持续数周。他们身着短裤，背负行囊，甚至还有人背着一把吉他。入夜时分，青年们则会举办篝火晚会，齐唱传统民谣，欢跳民族舞蹈。

　　其中也有人怀着浪漫的自然崇拜情怀，憧憬着古代日耳曼，向雄伟的山岳以及辽阔的荒野进发。然而更多时候，他们的活动场所是附近有人类来往的森林、草原以及山野。这个运动不同于攀登高山，并不需要专门的装备、特别的训练以及充足的体力，反倒有些远足意味。青年们经常夜宿古堡，据说这就是现在青年旅舍的起源。

　　实际上，即便在最鼎盛的时候，参加徒步旅行结社的全德国青年也似乎不足 3 万人。可要是将那些偶尔参加或关注着同样运动的非正式成员也算进去的话，那它可谓是将众多青年都卷入其中的运动，且无疑在其后的时日中给青年们留下了有形无形的影响。

"德国体操"运动

在徒步旅行之前，曾有过一个为复兴德国而振兴体育的运动。它由一个民族主义者弗里德里希·路德维希·雅恩（Friedrich Ludwig Jahn，1778—1852年）率先发起。雅恩认为德国会被拿破仑侵略与统治，是因为传统运动文化的衰退。于是他在召集众友、征得青年的同意后，策划了一场体育振兴运动。这便是"德国体操"（Turnen），它同时也是一种青少年教育活动。

雅恩在柏林郊外开辟了一块运动场地，稍加修整草地，搜罗了一些竞走、掷标枪、跳高等运动所需用具，然后按照项目类别依次举行小组活动。据说在19世纪初，其运动场所已达150处，参加活动的人数为12000人。这场复兴运动大受欢迎的原因还在于青年们可以趁运动之余广交朋友，增进友谊。

受雅恩思想影响的学生们组成"大学生协会"（Burschenschaft），以大学为据点展开爱国主义相关活动。1817年10月，数百人聚集在德国中部图林根森林的瓦尔特堡中，纪念并庆祝莱比锡战役（1813年）中德国对拿破仑取得的胜利，还呼吁建立一个统一与自由的德国。

1819 年，梅特涅将"大学生协会"视为危险予以禁止，体操运动亦遭到全面禁止。1842 年体操禁令解除后，各地便迅速成立了体操俱乐部以开展各项运动并促进交流。其后，展示训练成果、相互竞争切磋的体操节相继开展，1860 年则举办了全国规模的德国体操节。可以说正是借由体操，伴随着体操节上的爱国主义典礼，参与者与观众们渐渐意识到了德国的统一，并产生了对帝国的归属感。

现代德国人爱好运动和体育俱乐部组织的高参与率都与这个"德国体操"运动密切相关。另外，从与徒步旅行的关联性上看，德国人至今热衷漫步山野，这或许已成了他们生活中根深蒂固的习惯。

卓越的林业

从古至今，德国人始终认为"森林是守护人类的存在"。森林里有正义与爱。进入近代后，浪漫主义诗人们便不断歌颂森林的美丽与正义。《格林童话》中也有在森林的糖果屋中，差点被坏巫婆吃掉的汉泽尔和格莱特获救，而巫婆最终被烧死的故事。因为森林能明辨善恶。

因而森林不单是砍伐木材的场所或仅有治水之用，它亦是德国人灵魂的归所。正因如此，人们竭尽全力地恢复曾经被开发而破坏的森林。

近代以后，人们渐渐掌握了树木的特性，开始以贴近自然的方式，在保持树种、树龄多样性的前提下砍伐树木，而不再采用20世纪伊始那种一次性砍伐所有树木的方式，那样会破坏生态系统。它带来的好处是省去了清除枯死于病虫害的树木与肥料的费用，地表不再裸露，各种树木与低矮的灌木丛形成了层次分明、丰富多样的生态系统，野生动物也能在此生存了。

实际上，日本是世界屈指可数的森林国，森林面积占了国土面积的三分之二。尽管很多森林中以木材利用为目的恣意种满了杉树与扁柏，可遭荒弃的森林亦不计其数。而德国国土的森林覆盖率虽为31%，但德国人在以红松、云杉为代表的针叶树林中混杂了山毛榉与枹栎等阔叶树，保持了良好的林木平衡。并且，当基础木材（主要砍伐木材）被砍伐运出后，它的枝丫以及间伐材[1]乃至木材加工后的木片、锯屑都会被善加利用而不会被白白浪费。它们被制成纸浆、柴火、木屑、木颗粒燃料等，除了应用于家具、酒桶以及建筑外，它们还被作为工业用材，也常应用于家庭供暖与热水供给系统。

1　为主要树木的发育伐掉的不要的树木。

在德国，除了保证丰富的森林资源得到有效利用外，森林本身亦是市民们的休憩之所。从使森林成为生命、生活之源的理念出发，德国有计划地培育管理着森林。每片森林都设有纵横交错的林间道路，还有可供歇息的小屋及长椅，以及完善的指路标识，市民们可以轻松愉悦地踏入森林。他们在森林享受散步、慢跑、携伴远足、骑行驾马、采摘野菜野果的快乐，消解压力，休养身心。因此，人们努力维护和管理森林，保护生态系统。

此外，众所周知，保持森林的良好状态也有利于保持土壤、调节气候（防范温室效应）与减少二氧化碳排放。同样，森林也扮演着储蓄庞大水量的蓄水池角色。林木茂盛的地方一般很少有洪水。

德国的山岳地带雨水充沛，积雪颇多，森林起着调节水量，防止河流决堤的作用。森林宛若大坝，将贮藏于其下的地下水缓缓释放，均匀地供给河流。它还利于涵养湖沼之类的滞留水，保持土壤表层的水分。对于被它包围的河流来说，森林也起到了防波堤的作用，保护其河流流域不受风灾水害与泥石流的侵袭。经过森林的过滤，水质亦能保持良好。

德国的森林分为州有林、自治体团体林、民有林三种。那些不适宜企业经营的险峻山岳地带由州负责保护与管理。而民间能够维持经营的地方则为民营化管理。中世纪时国王与教会拥有的广袤森林，现在都以国有林、州有林的形式转移到公共管理之下。

在德国，林业相当受欢迎，森林学很发达。虽然普遍认为森林的管理与建设应该由对当地生态系统了如指掌且专业知识丰富的森林局、营林署的森林官员来负责，但似乎还存在着地区主导的机构。经营有方的林业成了继汽车、电器、电子、机械行业之后的一大主要产业。这一点与同样有着广袤森林却无法很好发挥其作用的日本有着天壤之别。

森林保护与生态系统

从前文所述中可以发现，森林保护是保护整体自然的核心政策，因而在德国，水源林、自然保护林随处可见。森林还包围着田地，防止了肥沃表土的流失。若是没有森林，农业也无以为继。

致力于实现可持续性森林机能是为了保护整个自然生态系统。不管是植树还是砍伐，营林署在管理时都要考虑到树龄与树种之间的平衡，他们不惜人手与预算，不放过任何角落，关注着每棵树木。将农药投放控制至最低限度，避免破坏土壤及森林，不砍伐筑有野鸟巢穴的树木，以自然更新促进树木的更迭换代，换句话说，就是要建立一个由固有物种组成的生态系统。

西德于 1970 年修改宪法，初次将"环境保护"这一法律概念写入宪法。此后又制定了国土保护法，汇集并调整各州散乱不一的森林法，使得全国统一实施具体措施成为可能。

地方主导确有许多优势，比如可以因地制宜地进行应对，但若要实施更高效率、更大规模的保护政策，还是从全国层面来推进会更为有效。无论是州还是国家都花费巨额预算以贯彻到底的意志保护着自然，实在很符合德国的作风。

无意识的地层

至此，我已列举了一些与"自然"有着直接或是间接联系的德国思潮，比如希尔德加德·冯·宾根的自然论、浪漫主义与其中的自然崇拜，还有赫尔德的有机体说自然观。接着来谈谈 20 世纪的代表心理学说——精神分析学与深层心理学，代表人物有奥地利的西格蒙德·弗洛伊德与瑞士的卡尔·古斯塔夫·荣格。他们虽然并不属于现在的德国，但可以看作德语圈国家，即广义德意志的成员。

图6-1　弗洛伊德

弗洛伊德（图6-1）于1856年出生于摩拉维亚的弗赖堡（今属捷克），并于1939年在伦敦去世。他一生都在维也纳生活、做研究。弗洛伊德认为，"人们平素生活时都是依靠着'意识'，即自我意识。这样的人群所缔结的便是正常的人际关系，亦被称之为社会。可实际上在这些表示'显在内容'的意识之后或之下，还存在着一个蕴藏着'潜在内容'的潜意识世界，它亦深刻界定着人际关系"。

他的观点是，在潜意识的世界里，有一个叫"本我"的欲望蠢蠢欲动。当然，它平时受到意识的审查而被压抑或忘却，但即便如此，这个潜意识的世界也深刻地决定着人类精神。

弗洛伊德认为人的心有层序，处于最深处的便是潜意识，因而将其挖掘出来并探明究竟是相当重要的。以一个人的个人史而言，便是要追溯到婴幼儿时期的母子关系，这被称为"精神分析学"。受到一种可怕、不安心理的纠缠，不得不去直面或因束缚而战栗，这虽然是病理性的，但可借此让人倒退至幼儿阶段。因此，所谓的精神分析其实类似于一种"精神的地理学或考古学"。

图6-2 荣格

荣格（图6-2）于1875年出生于

瑞士图尔高州的一个小村庄，是一位新教牧师的儿子，于1961年逝世于苏黎世湖畔的屈斯纳赫特。荣格在巴塞尔接受了中学及大学教育，并作为苏黎世著名的伯格尔茨利精神病医院的精神科医生迈出了其职业生涯的第一步。荣格曾与弗洛伊德有过合作，但在第一次世界大战后分道扬镳。而后荣格一边接诊登门看病的患者，一边完善自己的理论。

荣格认为，在患者的幻觉、妄想和梦中，出现了一种普遍的象征符号。这些符号比弗洛伊德所说的被意识压制的潜意识领域更深层，可以说属于人类集体潜意识。他发现了很多诸如此类极具普遍性的形象可能性，即原型，和那些在梦和各民族的神话中化为具体形象的原型形象（符号）。弗洛伊德追溯到了个人历史的婴幼儿时期，而荣格的这种手法则追溯到了人类的起源时期。

我们可以这么理解，弗洛伊德与荣格的精神分析学中有着一种德意志（德语圈国家）的心理学者特有的基本态度，即挖掘精神的深层。

接下来我们也来了解一下20世纪的哲学家海德格尔（1889—1976年）。他的人生在黑森林中拉开序幕，也在黑森林中落下帷幕。不仅如此，每至大学休假他也总是隐居在林中村落的小屋中。在与自然相交之时，他的思想不断深化，研究硕果累累。于是人们给他取了个绰号叫"黑森林的哲学家"。在《创造性的地景——我们为何留在乡间》（1933 年）这篇文章中他曾坦言："群山与农夫们的世界支持并指导了我全部的工作。"[1]

显而易见，海德格尔同样将自然作为其思想的源泉，只不过角度与弗洛伊德、荣格有所不同。但令人震惊的是，他居然倾倒于希特勒，并作过支持纳粹德国的演讲。这或许也是出于一种对德意志民族与自然之间独特关系的信念。

时任弗赖堡大学校长的海德格尔在为某个被纳粹奉为英雄、受到枪决的士兵所作的追悼演讲中说，"这位士兵越过枪口，以慧眼远眺黑森林的群山、森林与峡谷，为德意志民族和帝国死而后已"，并让学生总代表宣誓忠于希特勒。

"音乐之国"的神话

至 19 世纪中叶，多达 300 个小邦分立的德国虽然实现了统一，但却依旧无法成为一个中央集权制国家，地方分权制度根深蒂固，各地的文化政策及语言（方言）亦持续留存。在德国，以歌德、托马斯·曼（1875—1955 年）为代表的世界文学寥若晨星，而地方文学却车载斗量，这种现象可以联系前述地方主义来解释。

但在音乐方面，情况却完全不同。音乐有着跨越地区而遍及

1　《海德格尔全集》第十三卷《源于思想的经验》，创文社。——原书注

各处的力量。德国始终以"音乐是欧洲各国的典范，被人们尊崇为音乐之国"为傲。

但其实这种想法由来并不久远。实际上直到 17 世纪，人们普遍认为"意大利才拥有完整且卓越的音乐样式"。无论实践或理论，意大利都被视为 17 世纪上半叶欧洲的音乐中心，其他国家唯有向它学习的份儿。到了 18 世纪，意大利歌剧仍称霸全欧，且阻挫了英国、德国的国民歌剧的起步。然而，在这个世纪，也出现了从各个民族的音乐喜好中甄选并混合其精粹的歌剧形式，渐渐成为一种各民族共通的优良品位。

把意大利样式、法国样式与本国固有样式混合，形成一种世界音乐，完成这个大业的便是德意志的莫扎特[1]。他的音乐成为无人不喜的普遍品位，现在轮到其他国家模仿德国了。

有趣的是，从自然与德国（人）的深厚联系这一论点出发诞生了一个观点 ——"音乐不是对自然的模仿，而是自然本身，是自然的普遍性语言。既然如此，没有歌词与歌声，仅有乐器的纯音乐才是最好的"。后来这个浪漫主义的音乐美学经由威廉·亨里希·瓦肯罗德（Wilhelm Heinrich Wackenroder）、恩斯特·西奥多·阿玛迪斯·霍夫曼（Ernst Theodor Amadeus Hoffmann）得

1　现在一般认为是奥地利人。——编者注

以完成。乐器之国德国，这一观念及其同一性形成于 18 世纪 70 年代，并于 19 世纪最终确立。由此德国性与普遍性达成了一致，人们开始意识到海顿的伟大。

另外，18 世纪下半叶以后，特别是 19 世纪，具有赫尔德性质的"民众—民族精神论"一经扩散，人们便开始觉得品位混合是不纯的。赫尔德曾在《民歌集》（1778—1779 年）第二部的序文中如此阐述："民众踏着自然之道，有着健全之思，其感知源于神启，是引导众人的良心之声。民众是比知识分子更接近自然的造物，是理想却业已失落的存在。"

于赫尔德而言，音乐是塑造人类精神最根源性的艺术。即使是尚不会说话的幼儿，都能歌唱。它是民族感情的纯粹流露，表现着全体民族的和谐情感。既然如此，作为德国精神支柱的作曲家才是伟大的，巴赫作为最初的伟人从历史中复苏，而在德国音乐的最终阶段，贝多芬的交响曲则被定位为欧洲音乐史上的最高峰。

随后登场的是理查德·瓦格纳（Richard Wagner, 1813—1883 年）。继承了赫尔德思想的瓦格纳将民族（Volk）与国民（Nation）区分开来，并将前者置于后者之上。他说，"国民以及国家是人工构成物，而民族则指的是作为更具人类普遍性的'民众—民族'"。

正因德国很晚才建立民族国家，德国人才没有属于同一个国家的国民意识，而是形成了固守于地区的民族性意识。然而，当谈及"德意志民族"时，人们会联想到一个无形却更为深广的集体，它宛如镜子一般映照着自我的日常。那是将作为"类存在物"的人与现实中独立存在的个体之间的鸿沟填埋的基础。能够超越平面的、人为建构的国民性而抵达人类普遍性的，正是"民族"。因而瓦格纳投身于真正扎根于民众、民族的音乐剧创作，意欲创造出一个理想的德国。

我常思索，瓦格纳追求"民族"的音乐，不也可以说成是以与民族一体化的自然为源泉的吗？瓦格纳的作品大多来源于中世纪的传说故事，他不仅自己作曲还自己作词。他朝着一种将造型艺术、诗、音乐等领域融合起来的综合艺术（乐剧），追求着更为根源的德意志性、日耳曼性，因而更接近自然。

举一个具有象征性的例子，比如音乐剧《尼伯龙根的指环》中出场的齐格弗里德是一个在森林中长大的自然之子，他远离世俗的财富与社会的阴谋，担负着将分裂的人类与自然再度统合的重任（图6-3）。

图6-3　自然之子齐格弗里德

现代德国的代表作家托马斯·曼亦屡屡发表将音乐与德国人相联系的言论，如"没了德意志精神，如何还是一个音乐家"。他的代表作《浮士德博士》（1947年）便是上述思想之果实。在这篇小说中，一个根植于民族与血缘的国度暴行遍野，目光炯炯的青年成列行进，民众沉浸于幸福之中。以此为背景，小说围绕着代表德国之魂的人物——主人公作曲家阿德里安·莱韦屈恩展开。莱韦屈恩始终远避社会与世人，在被沼泽地、森林、草原所包围的农舍或山间客栈中闭门作曲与思考。这部作品亦是"音乐与自然是德国人之魂"的代名词。

总而言之，我同意下述看法，即"德国被视为一个音乐之国，且非民族音乐而是具有普遍与广泛性的音乐，最早也是从19世纪开始的。然后，以音乐这一无形的内在艺术为媒介，德国这个近代国家的国民—民族主义逐渐走上美的构筑之路，而其音乐之国的地位则超越现实的分裂状态成为一种民族认同"，但同时，我亦认为应该进一步对这种音乐与自然的密切关系做一番论述，而非局限于意识形态。

"纯净的帝国"

在本章开头我已简述了德国人在第一次世界大战中所遭受的重创，以及战败后是如何被逼得无路可走，最终被纳粹思想吸引的始末。纳粹与希特勒的行为是对全人类的罪孽，是荒谬绝伦的犯罪。然而，我们也不能全盘否定他们所做的一切。

实际上，近年来的研究表明，就连现在的生态学思想也承袭着纳粹时代积极推行过的一系列法令与运动。此前我已对其中的部分做过阐述，而接下来我将就其更早些的时代稍作介绍。

在德国，人们总是把厨房收拾得整洁干净，一如几何学、数学一般合理化物品的使用，却对烹饪的内容及外观、味道不甚费心劳力。午餐作为一天中的主餐，人们会开火烹调，而晚餐为了不弄脏厨房则只吃一些冷菜，也就是面包、沙拉、芝士、火腿等。将厨房收拾得干净整洁才是这种烹调的最终目的，人们直到今日仍遵循着这个饮食习惯。它起源于魏玛时代，并确立于纳粹时代（1933—1945 年）。

根据藤原辰史的《纳粹党的厨房》（水声社），纳粹的德意志第三帝国曾被称为"纯净的帝国"。这表现在被第三帝国作为主要目标的性别问题与种族主义上，即视犹太人为寄生虫并将之消灭的暴行。同时，家庭主妇亦被要求为实现"纯净的帝国"出一份力 —— 杜绝浪费，创造清洁的空间。如除去厨房里的脏污，驱逐并消灭害虫，归类烹调所余食材后再利用。

希特勒毕生禁绝烟酒，喜好素食。党卫队首领希姆莱、副元首鲁道夫·赫斯，以及他们的大多数部下都是素食主义者，且十分关注自身健康。纳粹还进行了一系列反对酒精与尼古丁的运动，致力于预防医学，力求强身健体。他们打算创造一个"健康的国家"。

男性以成为健康士兵为目标，女性则以成为照顾家庭的健康母亲为目标。与现在处于健康热潮下的日本一样，德国当时也有过同样的宣传，比如计算食物的营养价值、推荐用大豆代替肉类、全麦面包纤维丰富既利于身体健康也利于缓解便秘等。

后因相信了法国作家兼外交官戈比诺（1816—1882年）所谓"人种混杂会招致文化衰退"的人种论，德国人以为西洋文明正在威胁着德意志民族，步入了民族至上主义的歧途。他们怀着一种具有种族主义性质的民族主义，呼唤着基督教之前的日耳曼世界的到来。

雅利安人与北方日耳曼人被认为是"优良人种"，为了育种的纯粹性，德意志民族共同体齐心协力，如兄弟般友好共处。而犹太人、残疾人、精神病患者、体弱多病者等则被认为是"劣等人种"而受到清除，共产主义者及社会主义者亦被排除。他们均被送到集中营，惨遭屠戮。据闻即便是那些躲过了杀身之祸的人，如果被判定患有遗传疾病，也依据优生学原则被迫接受了绝育手术，其人数约达40万。这些俱是依保护德国人的"血统法则"而行之事。

所谓的雅利安人，原本只是一个语言学上的分类，它是对属于印欧语族的人种与民族的总称。而希特勒却将其限定在了北欧地区，南亚地区的印度人则被完全排除在外。

纳粹为了扩张德国（人）的版图，开始向东部殖民。根据最初的计划，殖民需要 180 万农村人及 220 万城市人。这是一个将波兰人、犹太人强制迁居或流放杀害，壮大并增强"血统高贵"的德意志民族的计划。他们在这片土地上贯彻德意志民族性，导入不施用化肥的有机农业，在景观上也力图再现"日耳曼风格的景观"。通过对铁路、运河、道路、城市、农村等的建设，宅基地、防风林、田边树篱、岸边斜坡的植物等的修整，或是湿地排水等举措，纳粹意欲将拓殖地的环境改造得如故乡一般，与此同时，他们还试图创造出混交林。

在我看来，这就是将过去的东向移民运动，以及腓特烈二世的自然改造之举，再次扭曲地在"东方"实行的运动。

纳粹与自然保护

另外还有一点，纳粹时期，在修建高速公路时，亦讨论了其与自然的融合问题，致力于景观的保护与修复。高速公路建设始于 1933 年秋季，到 1935 年 5 月从法兰克福到达姆施塔特之间已有部分开通，而后到 1941 年年末建设中止，全部开通的道路不足 3900 千米。

在建设高速公路之际，人们不但重视中央隔离带与道路两旁的绿植，还十分注意保护两侧绵延的森林，通过绿化和植树造林，保护表层土壤，并有意识地再建与修复森林的边缘部分，摒弃冰冷的混凝土。后来建成的道路沿着自然地势的起伏划出优美的弧线，两侧常年郁郁葱葱，绿意盎然。直到现在，人们依旧能一边欣赏美丽的风景一边享受舒适的驾驶之旅（图6-4）。

图6-4　高速公路

纳粹不仅在修建高速公路时高举保护自然、保护景观的大旗，还在其统治时期制定了数个保护自然与生态的法律，例如禁止虐待动物、保障其权利的《动物保护法》（1933年，直到1970年才失效）、《帝国自然保护法》（1935年）、《森林荒废防止法》（1934年生效，1975年失效）等便是纳粹时期制定的。自然保护热潮正可谓是发端于纳粹时期，而其相关法律与各种骇人听闻的断种法、种族主义法几乎是同时通过的。

然而也有人认为，这与其说是纳粹发起的，毋宁说是继承了自魏玛共和国以来的传统。在纳粹的乡土保护运动之前，自19世纪末起德国就曾广泛地开展过具有相同倾向的运动，这也是不争的事实。那是一场与保护民俗文化相结合的保护自然、风景与景观的运动，比如1904年音乐家恩斯特·鲁道夫创立的"乡土保护联盟"就曾广受支持。

这个乡土保护运动以德国的中产市民与"文化市民阶层"[1]为中坚力量，与自然疗法崇拜、爱护动物、顺势疗法[2]、反酒精反尼古丁的运动也有所交集。因而纳粹其实是延续了旧有的自然保护运动，将之在多个领域内实现法制化。

"市民菜园"运动

在此，我顺便也简述一下出赁小块园艺用地的"市民菜园"（Kleingarten，图6-5）运动。最初，它是城市贫民阶层种植可食用植物以自给自足的菜园。19世纪30年代以后，为弥补工业化、城市化而导致的绿化的减少，德国各大城市都开始实施绿化工程。绿化工程发展到20世纪，逐步完善了18世纪以来修建的景观式庭院中的步道。

图6-5　市民菜园

1　指18世纪中叶，接受过高等教育的资产阶级阶层。

2　19世纪前半期，德国的哈内曼提倡的治疗方法，指对所有的病症用能引起同样症状的药物微量进行治疗的方法。

但到 19 世纪 70 年代以后，这种菜园则更多地带有富裕阶层休闲场所的色彩，由整个家庭照料其周围花坛的园艺活动风靡一时。这种园艺活动与当时人们对自然疗法的热衷有关。19 世纪末到 20 世纪初时，作为解决大城市住宅问题的一个方法，"市民菜园"运动中的小屋也曾短暂地发挥过住宅的作用。

　　就这样，人们不断地重新构筑绿化环境，规划城市的公园与庭院，修建道路绿化作为绿地的一部分。因普遍认为"园艺能提高人们的道德心与精神修养，能够令身心保持健康"，故而在上层市民阶层，不仅是男性，女性也会参与到园艺活动之中。

　　自 19 世纪末始，德国的学校便广设花坛以进行园艺作业。花坛中种植了蔬菜、果树、花卉、药草以及香草，人们认为动手学习的过程能够加深学生对自然的理解，并带来道德上的升华。

　　可以说，纳粹继承并贯彻了 19 世纪以来在德国各地兴起的绿化工程以及前文中介绍的乡土保护运动。然而，这种自然观因结合了畸形的种族与民族思想，最终发展到了破坏社会的地步。

　　纳粹统治时期，德国为了实现架空的"纯粹民族""高等人种"，丧心病狂地以伪科学利用血脉与自然。他们用喷射毒气等方式残忍杀人，然后制作肥皂、肥料等，以实践使用人体的"有机农法"……这样惨绝人寰的大屠杀与"爱护自然""生态学"融为一体，直叫人心惊胆战。

第七章

从经济大国到生态大国

参加丰收节的孩子们

在前一章中我们概览了到第二次世界大战为止的德国历史，而在此最终章节，让我们继续来了解其战后的历史走向。

欧洲中的德国

第二次世界大战后，德国国民"绝不再重蹈战争覆辙，绝不再让诸如纳粹的恐怖民族主义者抬头"的承诺与欧洲全体人民的誓言，最终以战后赔款与数目繁多的新制法律的形式得以实现，并催生出欧洲共同体与欧洲联盟。战后，德国政治外交的基本方针不再是"德国的欧洲"，而转变成了"欧洲的德国"。

1945 年 5 月 7 日，德国无条件投降，由美、英、法、苏四国军队占领。在波茨坦会议上，与会众国在德国的去纳粹化、废除军备、分散经济力量、进行民主主义教育等方面达成共识，并付诸实践。

第二次世界大战后，德国原本的统一政府不被承认。德国分裂为东德（德意志民主共和国）与西德（德意志联邦共和国）。西德的新宪法《德意志联邦共和国基本法》于 1949 年 5 月生效。东德也不甘示弱，1949 年 10 月，《德意志民主共和国宪法》生效。

1955 年，曾被德国合并的奥地利恢复了主权。另外，多达 1200 万德国人遭到波兰、匈牙利、捷克斯洛伐克的驱逐，他们冒着生命危险涌入东西德国。

国际局势依旧动荡不安。继 1948 年 2 月 25 日布拉格政变后，苏联又有西侵的攻势。西侧诸国一致抵抗，最终在 1949 年签署了《北大西洋公约》，并成立了北大西洋公约组织（NATO）。

西德在 1955 年恢复主权后亦加入上述组织，重整军备。与此同时，美国积极推进"马歇尔计划"，向西德提供复兴援助。在经济部长艾哈德的领导下，西德采取了基于公平市场秩序的自由主义经济，创造了经济复兴奇迹。

由于美国、苏联、亚洲诸国的崛起，欧洲诸国的弱化已是大势所趋。在此种情形下，欧洲深切地认识到，保持团结一致才能提高并维持欧洲在世界中的存在感。第二次世界大战后即任西德总理一职、切实推进复兴事业的老总理阿登纳于 1950 年 3 月提出"德法联合"的设想。而法国方面，其外交部长舒曼也于 5 月发表了"舒曼计划"，与德国协力合作发展经济。

其后，欧洲煤钢共同体（1951 年）、欧洲原子能共同体和欧洲经济共同体（1957 年）相继成立。1967 年，他们又推动成立了统合上述组织的欧洲共同体。欧洲共同体的加盟国最初只有六国，而后逐年壮大。

此外，西德在科尔政权（1982—1998 年）的领导下，以外交部长根舍为中心，与法国总统密特朗展开通力合作。1991 年，原欧共体成员在马斯特里赫特决议将欧洲共同体变为欧洲联盟以强化其作用。1993 年 11 月条约生效后，加盟国日益增多。就这样，在欧洲一体化的进程中，德国（西德）与法国一起发挥了中流砥柱的作用。

德国再次统一

即便是政治体制与意识形态始终未变的东德，也从西德获得了经济、物质上的利益而渐渐推进改革，两国国民的宏愿 —— 德国再统一问题，亦被提上议程。

虽然苏联领导层希望东德保持华沙条约组织战略同盟国的身份，但东德国民却被西德深深吸引。事态进展迅速，1989 年 11 月 9 日，隔绝两国的柏林墙被推倒。翌年 10 月 3 日，德国统一。

从经济方面来看，20 世纪 50 年代以后，由于美国马歇尔计划的援助，西德的经济实现了飞跃式发展，人们在废墟上建立起最先进的工厂，配备了最新锐的设备。其产品质量优良，风靡全球。从 1950 年到 1980 年，西德的经济增幅达到了一个令人惊异的数字：354%。

就连最初被认为是累赘的东德的经济增长亦十分显著，并逐步缩小着差距。德国的经济增长在欧洲居于首位，其产品具有很强的国际竞争力。德国是欧盟最为重要的经济大国，它拥有着欧洲最庞大的人口以及最强大的经济实力，在欧债危机爆发之际，德国虽然身担重负，但仍为欧盟的存亡奋斗。

就这样，德国在现今的欧洲站稳了脚跟，不断增强着存在感。然而本书中反复提及的地方自治、地方习俗与传统依旧势力强大。它们始于神圣罗马帝国，经过1871年的统一，一直传承至今，其政治体现就是联邦制——地方政府所在的州与城市拥有很大权力。

东西合并后，现在的德国由16个州组成。虽然各州与联邦政府共担职责，但在教育、文化方面施行独立方针，在财政、治安及其他许多领域也发挥着作用。为了协调、联合各州的权限与职责，德国设有联邦参议院，由各州政府派出代表出席参加审议。

欧盟虽然实现了经济一体化，但政治上的一体化却停留于非常初期的阶段。它是否能发展成联邦制一般呢？或许这是一路饱尝分裂之苦的德国充分发挥其经验的时刻。"是帝国还是国民国家""是大德意志主义还是小德意志主义"，再追溯到中世纪的小国分立……今日，走过如上历史的德国，正是肩负欧盟重任的中心国家。

虽然德国的领邦或州曾在民族主义时代投下阴影，可如今在我们思考欧盟的未来之际，它却反而备受关注。在国境相对化的现在，要是能将各个领邦连接成网，扩展到整个欧洲，那么我想欧盟的充实完善便指日可待了。

德国是否已然克服历史

哪怕是看起来一帆风顺的德国，也并非已解决所有的问题。从西德时代到实现统一的现在，德国与欧洲各邻国保持着外交往来，不断为自己犯下的罪孽赎罪，直面历史并竭力"克服历史"。可即便如此，学术界仍存在一些试图减轻德国罪行并将之相对化的危险倾向，甚至还爆发了排斥外国人的运动。

现在，德国约有 8100 万人口，其中约两成拥有移民背景。尤其自德国再度统一之后，从东欧回国的德裔居民以及申请庇护者显著增多。

然而直到 2005 年移民法实施后，德国才承认自身为移民接受国。1999 年成立，并于 2000 年生效的新国籍法虽然放宽了血统主义原则，有条件地引入了出生地原则，但在此之前人们始终固守血统主义的事实，却也表明了德国在法律与心理方面都没有建立起完善的移民接受体制。

大量人口从土耳其、意大利、波兰、希腊、克罗地亚、塞尔维亚、俄罗斯等国涌入，德国的外籍劳动者及其家属持续增加。但是由于直到最近仍旧存在的血统主义，在德居住的外籍人士不管历经几代子孙，依然不能凭借出生于德国的事实获得该国国籍。而那些身处国外且不拥有国籍，但能从其血统、语言、教育、文化等因素中确认到德国属性的人士反倒会被承认为德国人。

上述新国籍法与 2005 年生效的新移民法使得入籍人数大幅增加，法律上的歧视现象亦得到改善。可话虽如此，只要"成为德国人便是要归属德意志民族，但外国人必定无法在文化层面上成为德国人"的民族观依旧存在，德国就没有实现真正意义上的接受移民。

归根结底，德国必须要否定"自然和历史的德意志民族"。然而考虑到我们在本书中所了解到的悠久深远的历史沉淀，要做到这点并不容易。对照日本的在日外籍人士与移民接受现状，其困难程度不难想象。

但最近（2015 年）德国在接受叙利亚难民问题上的积极态度却出人意料。回神细思，要说德国已是模范"移民接受国"，或许也不是无稽之谈。

迟来的国民

那么德国历史的本质究竟是什么？德国究竟是一个怎样的国家？让我们兼带着对本书的总结，一起来思考这些问题。

在从 10 世纪到 19 世纪的漫长岁月中，德意志（地区）曾是一个光辉灿烂而强大无比的帝国，但这正如德国的犹太裔社会学家赫尔穆特·普莱斯纳（借助捷克语）所描述的"迟来的国民"一样，与地方分立以及民族国家的缺失有着千丝万缕的联系。

17 世纪，融合了希腊、罗马与基督教思想的政治的人文主义使西欧诸国日渐走上了强国之路，其后列强陷入了瓜分世界的帝国主义狂潮之中。而在同一时期，德意志帝国却走向式微。虽然领邦得益于当时的经济形势迅速实现工业化，但市民阶层的发展壮大却备受阻挠，这导致实现国家统一的力量十分薄弱。

在政治上，德国既没有启蒙主义，也没有人文主义可以依靠，天主教失势后其历史观也渐渐废弛，蒙受精神打击的人们，无法从历史层面上正确把握自身。帝国不再拥有实体，而仅存在于人们的回忆之中。另外，他们还没有成熟到可以建立一个民族国家。

德国成立统一国家的时间相当晚，是在 1871 年。且先不论临海的北部，其南部与东南部的国境线在此之前亦从未确定过。不仅如此，德国连一个像巴黎、伦敦那样的中心城市都没有。

意大利曾是德意志帝国的一部分，在其他时期，奥地利、匈牙利、瑞士、尼德兰也曾是德国的一部分，而在哈布斯堡帝国时期，甚至连西班牙都是其中的一部分。国境线不断伸缩反复，变化不定，既意味着其中有着形形色色的部落、民族交流往来，杂然而居，同时也意味着这将成为与邻国纷争的焦点。

在19世纪的统一运动中，大德意志主义与小德意志主义针锋相对。根据大德意志主义，为了保持光荣的帝国之名，应以维也纳为中心，放弃柏林。与此同时，近世以后作为德国精神支柱的路德精神也不再发挥作用。而根据小德意志主义，则须不再继承天主教文化传统，放弃维也纳这个怀念神圣罗马帝国的中心。

倘若既不遵循大德意志主义也不遵循小德意志主义，而依据民族自决，由德意志民族成立一个国家的话，就会破坏其他国家（波兰、奥地利、瑞士、法国）。总之，不管采取哪种做法都无法圆满解决。最终，小德意志主义占了上风，如前所述，德国以普鲁士为轴心实现了统一。

迟到的创造性

普莱斯纳曾说，"我们德国人是迟到的人。作为国民，我们无法挽回历史的迟滞。然而这份延迟却并不单纯意味着不利的命运，作为外在无能之物的恒常，这份延迟亦蕴含着创造的可能，是诉诸内在能力之物"[1]。近现代艺术发展的失衡充分体现了其所言

---

1 《迟来的国民》，土屋洋二译，名古屋大学出版社。——原书注

的"迟到""迟滞"与"延迟"。如前所述,德国的近代小说并不发达,而这反倒促进了没有语言与形象的音乐作为与其相适的表现形式发展壮大。

并且在德国,新教的文化理念使人们从孤独以及深度的角度出发,去表达难以用语言表达的事物。总而言之,德国人无法想象没有深度的文化,由是德国文化的精髓便是哲学与音乐。

德国的知识分子将其个人的存在寄托于世界观的深度上。这与重视个人主义、表层逻辑与口才的法国、英国、美国大相径庭。

然而,战后价值观念发生改变,德国年轻人憧憬美国。他们不仅在舞厅中跟着摇滚乐跳舞,还喜欢嚼口香糖、喝可乐、穿T恤、穿皮衣、穿牛仔裤,并涌现出很多"猫王"普雷斯利、披头士的狂热爱好者。柏林墙倒塌后,"电子舞曲"(techno,发祥于美国底特律)在柏林异常火爆,据说俱乐部文化席卷了街头巷尾,这大概也标志着德国精神发生了巨大转变。

与自然的深厚联系

在漫长的历史长河中,德国人形成了一种独特的有深度的文化,而与之密不可分,促其创新发展的便是"自然"。一方面,此种情形下的"自然"是理念,是意识形态,它持之以恒地影响着德国精神。而另一方面，在上述理念以及意识形态背后，则有着现实的森林、山岳、河流、大地、矿物、温泉、绿地等自然外在体现，以及与之深切而亲密的交往和运用。关于这点，我们已在本书中得到了确认。既追寻着理念，又追寻着与理念所寄宿的具体实物的接触，便是德国风格。

这与日本人欣赏风花雪月时清淡风雅的感性截然不同。虽说同样热爱自然、崇拜自然，德国人却时而在行动与肉体上进行深入挖掘，时而又腾空高飞。

所谓具体的自然，即森林、山岳、河流。或许我们也可以将它们统称为"大地"。这样的自然在近代却并不是供人欣赏怡情的景观，而是寄宿着可怕力量的人莫可知的存在。可德国人却认为无论多严峻的自然，都该与它直面相对，将之驯服并利用。他们以整个身体，以全部灵魂与自然交往。

基于上述精神，中世纪初期，德国人开始频频利用森林与河流。同样，近世以后，以矿山开发为重点，对山岳的利用亦开始向前迈进。无须赘言，它们促进了各城市、领邦的经济与社会的发展。

德国人对自然的上述态度亦催生出了日耳曼众神的神话，以及有关妖精与野人的民俗传说。同时，围绕大地、矿物、植物展开的炼金术与自然主义思想也日臻完善。

进入近代之后，德国由于缺乏"受过教育的资产阶级"（Bildungsbürgertum），又受到福音主义信仰的束缚，启蒙主义的渗透并不充分，反倒是浪漫主义思想盛行，由此便孕育出了其特有的自然审美观。内在性、根源性、战斗的狂热、深沉的思索，这一切都与德国人的性格紧密相连，往往以森林、山岳、河流等自然事物为媒介。且上述自然与民族幻想相重叠，帮助无法从地理及历史上进行定义的德意志民族为自我定义。

普鲁士实现了德国统一，这意味着近代德国的政治可能性存在于东方边境，在易北河与其东面的荒蛮之地，也就是所谓的垦殖地。总而言之，德国人唯有借助荒蛮的"自然"才能实现统一。

与政治结合的危险性

在近 2000 年的岁月中，德国人不仅利用具体的自然服务于生活，还与自然保持着更为深层的精神与身体方面的交流。自然使他们从对动荡政治与悬空状态的不安中解脱，并持续给予他们安心感、自豪感与荣耀感。

德国既没有巴黎、伦敦那样的中心，亦没有希腊罗马或基督教传统可作为凭依之所，且国家曾经四分五裂、领邦林立。德国人所认定的扎根之地，是暧昧却有根源性的自然与风景，是跃动着生命与爱的有机体世界，亦即自然世界。单个的个人与其灵魂只构成其中的极小部分。

因而 19 世纪后，在德国掀起民族主义浪潮之际，人们展开了根源与自然、家乡与祖国、血缘与地缘等连带感强烈的情感充沛的宣传。其根本观念是，对于德国人来说，自然才是家乡，一旦与其分离，德国人便不再有作为德国人存在的理由。可谓是十分感性的民族主义。

根据对此独特自然观做过深入研究的当时的思想家们的见解，其自然与语言有着紧密的联系。他们还主张"德国人的祖先与其他日耳曼民族相异，始终居于原民族的居住地，并原封不动地保留着最原始的语言""因而只有德意志民族才是与其根源相通，发展了真正原有文化的民族"。

在这里，语言被看作一个民族的基础，仿佛动植物一般分化、成长。思想家们认为"德国人的语言亦与自然的根源性相连，而其他民族因包容外族语言，从原住地迁移到其他地区，导致民族堕落，文化停滞"。

上述观点后来演变成了"说德语的地区都该被统一为德国"。而这种德国民族中心主义与纯血主义、世界主义联合后将会导致多么可怕的结果，纳粹德国已为我们做了赤裸裸的演示。

不断向上

以自然和语言作为民族、国民的根基，优点在于能跨越政治立场，适用于全体德国人。因为人的内在与自然相互补充，克服政治上的分裂，导向祖国之爱。但这并不是单纯地水平扩展乡土之爱。若眷恋身边的自然，怀抱着一体化的感情（即乡土之爱），就会局限于地方主义，并不利于民族与国民的统一。

因而必须要有另一个超越性的要素，一个并非水平，而是垂直方向的要素。前文已述，德国人有着不断深挖内在的文化。不同于气候温暖土壤肥沃的南部欧洲，德国面对的是严峻的自然，又因与地中海、大西洋皆不相连，德国人无法通过广阔的海洋去了解世界、接触他人，这便促使他们不断向自身内在挖掘。然而于德国人而言，自然亦同超越、崇高、飞翔等跃入天际般的理念有着密不可分的关系。

例如，中世纪时德国建造了许多尖顶耸立的哥特式教堂，有科隆大教堂、乌尔姆大教堂、施派尔大教堂、斯特拉斯堡大教堂等。有人说这代表着一种"森林"，内部的圆柱、角柱以及在其顶端延伸的拱肋是树木与树枝，而外部可见的小尖顶则代表着茂密的针叶林。

或许这样的解释也是合理的，但我认为，德国偏爱建造高耸的尖顶教堂，反映了德国人不愿屈身于被城墙所包围而无法水平扩张的狭窄城市空间的意识特性。中世纪之后，向往高空渴望飞翔的愿望以及对自然的独特崇敬与意识，深刻地影响了德国与德国人的历史。我们就称之为搏击长空、渴求超越的愿望吧。

图7-1　德国的大教堂

另外，就18世纪以后的山岳崇拜我已作过说明，但在此我要介绍一个对巍峨山岳的憧憬之情作出过更明确阐述的哲学家，他就是尼采（1844—1900年）。尼采时常会把自己喻作登山者。例如，在《查拉图斯特拉如是说》（1885年）第三部的《回家》一章中，他曾写道："人们不可搅动泥坑，人们应当住在山上。我用充满至福的鼻孔，又呼吸到山上的自由！最后，我的鼻子从一切世人的气味中被解放出来。"[1]只有山岳才是与脱离了世俗日常的超人相衬的居所。"高山之巅是众神所在，众神从山巅而来"的这种思考方式与传统日耳曼的宗教情感也是一脉相承的。

或许这种对高度的崇拜同样影响着此前德国国家的存在方式。因为法国和英国都未曾拥有帝国与皇帝的的至高权威，拿破仑除外。而德国却从奥托大帝时代起，在将近1000年的岁月中享受着帝国与皇帝的荣耀。

但是这对权威与巍峨高山的憧憬却以世俗化的形式同希特勒的国民社会主义结合了。他居于一栋位于上巴伐利亚贝希特斯加登的山上别墅，穿着登山服现身，欢迎攀登至其住所的"信徒"们。此外，在莱尼·里芬斯塔尔导演的纳粹党大会纪录片中，希特勒乘着飞机，降临在翘首以盼的群众面前。

不仅如此，对于艾格山北壁登顶者以及喜马拉雅山脉南迦帕尔巴特峰探险队的遇难者，希特勒也十分关心。他大概是期望通过这些行为举止强化纳粹与自己身上的神话传说。

对秩序的追求

德国常被称为"哲学的国度"或"音乐的国度"。许多人都

1　引自《查拉图斯特拉如是说》，生活·读书·新知三联书店，2007年，216页。

曾指出，将现实与经验作为一个整体，力图统一性地把握概念并创造出宏大的体系是德国哲学的特征。这点在黑格尔（1770—1831年）的哲学上体现得尤为明显。在音乐方面，层次分明、秩序井然的结构历来为人们所推崇，这在贝多芬的交响曲中十分典型。实际上，追求秩序的特点，也时常出现于人们对待自然的态度之中。

在日耳曼时代，秩序井然、和平安宁的村落被认为是人类与驯化了的家畜的领域（家庭、耕地），即"小宇宙"；而外部混沌的自然世界（森林、荒野、山岳、海洋）则被认为是野兽妖魔栖息的"大宇宙"，两者泾渭分明。在而后的中世纪社会中，人们依旧保持着这种思想。比如村落、城镇俱为墙壁包围，人们坚信只有墙壁内才有法律与正义，才能过上安心有序的生活。

后来，这种有序与无序的严格区分唤起了人们想要给无序的自然世界带去秩序的冲动。这在中世纪的森林砍伐、植树造林与开荒灌溉等行为中表现得尤为显著。进入近代后，人们征服自然的行动更加积极，一如我在第五章所述，尤其是在18世纪下半叶到19世纪，不仅是森林与荒野，河流、湖泊、沼泽等水域的改造工程亦受到着力推进。

再后来，"市民菜园"盛行时，小块的园艺用地被规划得整整齐齐，其间的建筑物（门、栅栏、集会所、凉亭）亦被人们精心美化，而在前文中我们已了解到城市中的绿化也建设得秩序斐然。这些是一脉相承的。

总而言之，德国人常常以一种崇敬和畏惧的眼光看待自然，宛若窥探漩涡般的深渊，又仿佛瞻视遥不可及的高山。但与此同时，他们对身边的自然加以修整，试图使之赏心悦目、方便利用的态度亦是自古以来就显而易见的。德国人大概曾欲通过对身边自然的彻底加工、控制、分类与秩序化，来慰藉由于社会动荡、认同感动摇而产生的不安情绪。

上述对自然的态度也反映在现代德国人的性格之中。我们可以用勤勉、节俭、守秩序、爱干净、完美主义等词汇去形容德国人的性格。实际上，很多德国人都很注意家与办公室的整理及清洁，有着在各领域机构中追求彻底而全面的管理与统合的倾向。

走向环境先进国

最后，让我们来了解一下现代德国的环境政策。

西德为了应对当时鲁尔工业地区的空气污染等问题，曾在20世纪60年代末全面推行生态政策，并且在德国社会民主党出身的勃兰特总理的领导下，还提出了"环境保护规划"，旨在保护大气、土壤、水质、动植物等组成的生态系统。20世纪80年代，垃圾减量政策开始贯彻实施，并在1991年与1994年分别制定了《包装废弃物条例》与《循环经济与废弃物管理法》。这些法令规定，包装及容器的制造商与分销商必须负责垃圾的回收与再利用，而公众也认识到需要尽力减少包装。这些观念逐渐深入人心，成果颇丰。

再者，所谓的"生态住宅"不但自己能产生能量，还能防止能量浪费，也受到人们的热切关注，为政府所推崇。它与生态社区、生态城镇计划联动，今后的发展引人注目。

在与环境的关系中，特别值得关注的政治动向是绿党的活动及其作为政党的显著发展。受到 20 世纪 70 年代的环境污染、森林枯萎等问题的触发，1979 年绿党成立。其创始成员在 20 世纪 80 年代初期就表现出根本的价值观转变。他们叫停科技进步，常常呼吁工业社会变革。

绿党质疑原子能，推崇自然能源，这对社会民主党产生了影响。20 世纪 80 年代初，绿党首次进入联邦议会，受到发觉经济高速增长所带来的负面影响的人群的支持，势力日渐壮大。绿党稳稳地扎根于地方自治体与各州之中，从 1998 年到 2005 年，它与社会民主党联合执政，促进了资源回收再利用系统等环境保护政策的蓬勃发展。

然而，绿党并不总是一帆风顺。就核电政策，绿党曾遭到鲁尔工业地带的劳动者们的反对。但自 1986 年春天的切尔诺贝利核事故发生以后，对核电的不信任感开始在社会上蔓延，绿党的支持率也逐日上升。可产业界，尤其是制造业界极力反对废止核电，德国电力工业联合会亦举棋不定，到了21世纪，当局所制订的脱核能计划仍难付诸实践，甚至反而延长核电厂的运转年限。可即便如此，国民的反核电意识依然高涨，迫于众多游行参加者的压力，以福岛核电事故（2011年）为契机，默克尔总理领导的基督教民主联盟政权决定废除核电，事态有了很大进展。

在背后支持着上述环境政策的是全国国民对生态、自然的喜爱之情。即便经历了两次世界大战，"市民菜园"依旧长盛不衰，居民们都竭力守护着城市的绿色。1990年德国统一之时，东西两德的"市民菜园"相关组织也联合起来，成立了一个巨大的"德国菜园爱好者联邦联盟"。据称在21世纪初，其下已有15200个协会，约100万个区划的庭院受其成员管理，参与人数几近500万人。

此外，无论是食物、化妆品、肥皂，还是洗涤剂，德国国民都追求有机，20世纪70年代末频频发生的食品丑闻是导致此种现象的原因之一。化学产品污染了大地与河流，并随之进入了人们的食物与饮用水之中。在耕地上播撒化学肥料、杀虫剂、除草剂的行为则破坏了大地的天然构成，农作物都变得奇形怪状。知晓了上述实情的德国国民受到冲击，率先走上了有机之路。

加之 2001 年起又有来自德国联邦食品农业消费者保护部的鼎力支持，如今在德国，天然食品是一大热点，全国约铺展了 4000 家 "Reformhaus" [1]，售卖通过严格检测的天然食品，以及天然化妆品、天然药品。同时，连锁药妆店 "迪姆药妆" 亦广受欢迎，随处可见，它贩卖德国女性们爱用的天然化妆品与身体护理品。如上所述，德国人对于生态、有机的喜爱与他们的自然保护热演变成了国家性、国民性的运动，为全世界树立了楷模。

　　我衷心祈愿作为环境先进国声名远扬的德国不会再度陷入非理性的深渊，不会再以自然之名诅咒、制裁、压抑人们。我希望《基本法》（宪法）中所渗透的不可侵犯的人权尊重思想，国家权力的一切根本在于国民的民主理念不会被摒弃。第二次世界大战后的德国与曾为盟国的日本对此应该都受益匪浅。

　　我深信，在吸取了两次世界大战的教训，议会制民主主义已根深蒂固并为普通民众所接受的现今，在成为欧盟这个超国家政治体中心的现今，德国虽依旧倾心于民族与自然，但它已变得更为注重理性，不会再如过去那般囿于非理性主义与恶魔般的思想而重蹈覆辙。

1　Reformhaus 是德国一家绿色食品和有机护肤品零售商店，创建于 1900 年，如今德国已经开设有将近 2000 家的实体店。

后　记

　　在《意大利面里的意大利史》与《法国甜点里的法国史》中，我以食物为切入点，追溯了各个国家的起源，也曾有过将德国史如法炮制的念头。

　　但考虑到单凭马铃薯、香肠或啤酒只能对德国历史极其有限的一部分进行趣味性阐述，我便放弃了以食物为切入点。并且我想，要是没有对笔下对象的爱、尊敬或感动 —— 比如在谈到恶政与迫害时，要是没有对牺牲民众的关心 —— 便无法书写历史。在此我坦言，不似对意大利面与法国甜点，我并不痴迷于德国的食物。

　　于是在经过反复思考与调查之后，我想到了"自然"，特别是"森林、山岳与河流"。文学方面自不待言，就连音乐、绘画方面，对自然的描写亦是极其重要的元素。且我认为那并不是纯粹的兴趣，而是一种更为深沉的全身性、全精神性的牵绊。自然也不单是艺术所表现出来的表象，或是哲学家引以为据的概念。

想必再没有一个国家的国民如德国人一般，既乐于凝视自然，又喜于置身其中，还不厌其烦地改造自然。

如此这般，一面是精神意义上的自然，一面是物理意义上的自然，在两者的交织中，德国（人）从古日耳曼时代走到了现代，走过了 2000 年的历史。我希望能在解开其自然与历史深切联系的同时，将之娓娓道来。本书便是怀着上述心情写就的，不知究竟是否成功。

本书的整体视角、观点，当然是来自我本身，执笔之际，除德语与英语书籍外，我也翻阅了众多日语文献。但我无法将所有参考书目一一列举，在此，我仅罗列了一些使我大受裨益的日语文献，特别是与自然有关的书，以及我觉得有趣的、对理解德国和德国哲学很有帮助的书。

［日］鱼住昌良，《德意志的古都与古城》，山川出版社，1991 年。

［日］大野寿子，《黑森林里的格林》，郁文堂，2010 年。

［日］小盐节，《莱茵河的文化史 —— 德意志的父亲河》，讲谈社学术文库，1991 年。

［日］小野清美，《高速公路与纳粹主义 —— 景观生态的诞生》，Minerva 书房，2013 年。

〔日〕岸修司，《德意志林业与日本的森林》，筑地书馆，2012 年。

〔日〕小林敏明，《风景的无意识 —— 卡斯帕·大卫·弗里德里希论》，作品社，2014 年。

〔日〕成城大学文艺学部欧洲文化学科编，《欧洲与自然（欧洲文化系列①）》，成城大学文艺学部，2014 年。

〔日〕野岛利彰，《狩猎文化 —— 以德语圈为中心》，春风社，2010 年。

〔日〕藤原辰史，《纳粹党的厨房 ——"饮食"的环境史》，水声社，2012 年。

〔日〕穗鹰知美，《城市与绿化 —— 近代德意志的绿化文化》，山川出版社，2004 年。

〔日〕吉田孝夫，《山与妖怪 —— 德意志山岳传说考》，八坂书房，2014 年。

〔日〕吉田宽，《"音乐之国德意志"的系谱学》全三卷，青弓社，2013—2015 年。

〔德〕诺博特·伊里亚思（米夏埃尔·施罗特编／青木隆嘉译），《德意志人论 —— 文明化与暴力》（*The Germans: Power Struggles And The Development Of Habitus In The 19th And 20th Centuries*），法政大学出版局，1996 年。

　　［德］胡贝特·基塞韦特（高桥秀行、樱井健吾译），《德意志产业革命 —— 作为发展原动力的地区》（*Industrielle Revolution In Deutschland. Regionen Als Wachstumsmotoren*），晃洋书房，2006 年。

　　［美］艾伦·乔治·德布斯（川崎胜、大谷卓史译），《近代炼金术的历史》（*The Chemical Philosophy: Paracelsian Science And Medicine In The Sixteenth And Seventeenth Centuries*），平凡社，1999 年。

　　［德］卡尔·哈泽尔（山县光晶译），《森林讲述的德意志历史》（*Forstgeschichte : Ein Grundriß Für Studium Und Praxis*），筑地书馆，1996 年。

　　［德］赫尔穆特·普莱斯纳（土屋洋二译），《迟来的国民 —— 德意志民族主义的精神史》（*Die Verspätete Nation : Über Die Politische Verführbarkeit Bürgerlichen Geistes*），名古屋大学出版会，1991 年。

　　本书的构想是与曾负责《意大利面里的意大利史》与《法国甜点里的法国史》的朝仓玲子女士共同提炼完善的，但由于她后来休了产假，编辑作业则由同在一个编辑部的盐田春香女士接手。盐田女士除制作地图、选择插画外，还协助将文章修改成适宜读者阅读的文体，并指出了许多不足之处，费心良多。我在此表示衷心的感谢。

另外，新潟大学教育学部副教授小林繁子女士通读了原稿，教授了我很多德国史专有名词的严谨用法以及固有名词的日语表达。在此我亦对她表示衷心感谢。

虽然这本书无法带来一个"美味"的阅读体验，但倘能令读者在接触雄伟宏大且生机勃勃、奥妙无穷的自然中，获得德国历史的醍醐之味，我便不胜欣喜了。

2015 年 10 月 池上俊一

德国史年表
（粗体字为自然相关年表）

公元前 1000—约公元约前 500 年	日耳曼诸民族开始从斯堪的纳维亚半岛南部迁居于北德意志
公元前 113—439 年	日耳曼民族与罗马人争战不休
9 年	在条顿堡森林之战中罗马军溃败于日耳曼人
90—约 160 年	**罗马人在莱茵河与多瑙河之间修筑界墙**
约 98 年	**塔西佗书就《日耳曼尼亚志》，记述了"森林之民"日耳曼民族**
375 年	西哥特族入侵罗马帝国领，日耳曼民族开始大迁徙
476 年	西罗马帝国灭亡
481 年	克洛维即位法国国王，开启墨洛温王朝，并持续至 751 年
719 年	**卜尼法斯开始在德意志传道，砍倒日耳曼人视为神圣的橡树**
751 年	小丕平（丕平三世）即位法国国王，开启加洛林王朝，并持续至 987 年
800 年	查理大帝受教皇加冕，成为罗马皇帝
约 9 世纪	**森林作为狩猎的特权场所在史料中频出。贵族们的狩猎热情高涨**
804 年	查理大帝征服萨克森
843 年	根据《凡尔登条约》，法国王国一分为三
870 年	根据《墨尔森条约》，洛林分裂为东西两半，现在的法国、德国、意大利已具雏形

962 年	奥托一世加冕为罗马皇帝，神圣罗马帝国成立，并延续至 1806 年
11—12 世纪	**在莱茵河等大河沿岸，城市纷纷建立**
11—13 世纪	**阿尔卑斯山口出现众多投宿处**
1075—1122 年	教皇格列高列七世与皇帝亨利四世之间的叙任权斗争
1150—1160 年	**希尔德加德·冯·宾根完成《自然学》与《病因与治疗》，倡导"绿性"思想**
约 12 世纪中叶后	**东向垦殖运动蓬勃开展**
1152 年	腓特烈一世（巴巴罗萨）当选国王
1226 年	普鲁士被承认为德意志骑士团领地
1254—1273 年	大空位时代
14—15 世纪	**德意志矿业实现飞跃性发展**
1347—1350 年	黑死病大流行
1356 年	查理四世颁布金玺诏书
约 1440 年	谷腾堡发明活字版印刷术
1517 年	马丁·路德发表《九十五条论纲》。宗教改革开始
1524—1525 年	德意志农民战争
1525 年	**农民在《十二条款》中主张对森林的权利**
1555 年	奥格斯堡宗教和谈
1556 年	**阿格里科拉完成《矿冶全书》**
1570—1640 年	女巫迫害的巅峰
1618—1648 年	三十年战争
1656—1661 年	格劳贝尔的《德意志的繁荣》公开出版
17 世纪末—18 世纪	**森林的乱砍滥伐现象加剧，森林复原计划提上议程**

1701—1918 年	普鲁士由公国升为王国
1740 年	腓特烈二世即位普鲁士国王，玛丽亚·特蕾西娅即位奥地利大公
1756 年	腓特烈二世颁布"马铃薯法令"
1756—1763 年	七年战争
1784—1791 年	约翰·戈特弗里德·赫尔德的代表作《关于人类历史哲学的思想》刊行
1785—1823 年	歌德频频造访温泉胜地
18 世纪末—19 世纪上半叶	森林、山岳、矿山、洞窟等题材受到德国浪漫主义的青睐
1806 年	莱茵联盟脱离帝国，神圣罗马帝国解体
1814—1815 年	维也纳会议
1816 年	格林兄弟完成《德国传说集》，其中收录了许多与自然相关的传说
1824 年	海因里希·海涅的《罗蕾莱》发表
1834 年	德意志关税同盟成立
1835 年	纽伦堡与菲尔特之间开通了德国第一条铁路
19 世纪 40 年代—20 世纪初	河流拖航业步入现代化，蓬勃发展
1848 年	法兰克福国民议会召开
19 世纪中叶后	德国的工业化突飞猛进
1850—1865 年	攀登阿尔卑斯山的巅峰时期
1850 年—20 世纪初	在煤炭、铁矿丰富的鲁尔地区，铁工业得到巨大发展
1862 年	俾斯麦就任普鲁士首相
1866 年	普奥战争
1867 年	以普鲁士为盟主的北德意志联邦成立（至 1871 年）。奥匈帝国成立（至 1918 年）

1869 年	德国登山协会成立
19 世纪 70 年代后	"市民菜园"运动蓬勃开展
1870—1871 年	普法战争
1871 年	德意志帝国成立。威廉一世加冕为德意志皇帝
1874 年	瓦格纳创作取材于日耳曼传说的《尼伯龙根的指环》
1901 年	徒步旅行组织正式成立
1904 年	设立乡土保护联盟
1914—1918 年	第一次世界大战
1919 年	魏玛宪法出台，魏玛共和国诞生
1929 年	经济大萧条开始，并持续至 1933 年
1933 年	兴登堡总统任命希特勒为总理
1933 年	开始建设高速公路
1933—1935 年	纳粹制定《自然与动物保护法》
1939—1945 年	德军进犯波兰，第二次世界大战
1949 年	西德通过基本法，德意志联邦共和国成立（5 月）。东德颁布民主共和国宪法，德意志民主共和国成立（10 月）
1955 年	西德恢复主权，加入北大西洋公约组织
1967 年	欧洲共同体诞生
1980 年	绿党在西德全国范围内成立
1990 年	东西德统一（10 月 3 日）
1991 年	制定《避免和回收包装品条例》
1993 年	根据《马斯特里赫特条约》，欧洲联盟成立
2002 年	欧洲联盟共同货币欧元进入流通
2011 年	默克尔政府作出"脱核电"决定